Robert Steegmann

Das KL Natzweiler-Struthof

Geschichte
eines Konzentrationslagers
im annektierten Elsass

1941–1945

Kaléidoscope
La Nuée Bleue

Ergänzende Lektüre (Deutsch und Französisch)

1943: la guerre totale, Sonderheft der Zeitschrift „Saisons d'Alsace", Nr. 121, Verlag La Nuée Bleue, Straßburg, 1993

Herbert (Ulrich), Orth (Karin), Dieckmann (Christophe*), Die nationalsozialisti-schen Konzentrationslager, Entwicklung und Struktur*, Band I und II, Göttingen, Wallstein-Verlag, 1998

Sofsky (Wolfgang), *L'organisation de la terreur*, Editions Calmann-Lévy, Paris, 1995

Le camp de concentration du Struthof, Konzentrationslager Natzweiler, Témoignages, Schirmeck, L'Essor, collection «Documents», 1998

Levi (Primo), Ist das ein Menschß, Taschenbuchausgabe: dtv 1992, ISBN 3423115610

Ziegler (Jürgen), *Mitten unter uns... Natzweiler-Struthof, Spuren eines Konzen-trationslagers*, VSA-Verlag, 1986

Zeugnisse ehemaliger Struthof-Insassen

Bent (Philippe), *L'attente de la mort dans les camps du Neckar*, Selbstverlag 1958 (französischer Häftling)

Leroy (Roger), Linet (Roger), Nevers (Max*), La Résistance en enfer, 1943- 1945*, Paris, Messidor, 1991

Ottosen (Kristian), *Nuit et Brouillard. Histoire des prisonniers du camp de Natzweiler – Struthof*, Bruxelles, Le Cri, 1994.

Pahor (Boris), *Pèlerin parmi les ombres*, La Table Ronde, 1991 (slowenischer Häftling)

Ribon (Michel), *Le passage à niveau*, L'Harmattan, 2004 (französischer Häftling)

Ragot (André), *N.N., Nuit et Brouillard*, Selbstverlag, 1958 (französischer Häftling)

Spitz (Aimé), *Struthof, bagne nazi, mémoire du déporté patriote 4596*, Alsatia, 1946 (französischer Häftling)

Liste der Abkürzungen

DEST: Deutsche Erd- und Steinwerke
KL: Konzentrationslager
NN: Nacht und Nebel
Revier: Sanitätsbaracke
RSHA: Reichssicherheitshauptamt
SA: Sturmabteilung
SS: Schutzstaffeln
WVHA: Wirtschaftsverwaltungshauptamt

Umschlag: Fotografie von Frantisek Zvardon (2005)

Gegenüber: *Stacheldrahtverhau um das Lager Natzweiler-Struthof (Ausschnitt einer Ansichtskarte aus der Nachkriegszeit).*

Da nicht alle Urheber der Fotorechte ermittelt werden konnten, bittet der Verlag sie, sich gegebenfalls bei ihm zu melden.

 Der Autor der vorliegenden Schrift, Robert Steegmann, hat zu dem gleichen Thema auf der Grundlage seiner Doktorarbeit im Fachbereich Geschichte ein Standardwerk veröffentlicht: *Struthof. Le KL-Natzweiler et ses commandos: une nébuleuse concentrationnaire des deux côtés du Rhin 1941-1945,* erschienen im Verlag La Nuée Bleue, Straßburg, 2005. Dieses Buch enthält einen ausführlichen Anhang mit Fußnoten, Quellenangaben und Querverweisen. Dort kann der interessierte Leser etwas über die Herkunft der im vorliegenden Werk präsentierten Informationen erfahren.

*D*er Struthof! An diesem tragischen Ort wollen wir die Erinnerung pflegen und mit Blick auf die Zukunft handeln.

Dieses einzige französische Konzentrationslager, errichtet in dem von den Nazis annektierten Elsass, ist für Frankreich ein Ort besonderer Tragik. Hier wurden zehntausende von Deportierten aus Frankreich und anderen europäischen Staaten gepeinigt.

Über diesen Ort müssen alle Bescheid wissen. Niemand darf daran vorbeigehen, ohne zu begreifen. Am Struthof soll die Erinnerung an die Deportation für immer wach gehalten werden. Dies sind wir den Deportierten schuldig. Dies sind wir den kommenden Generationen schuldig.

Die neue Ausstellung, die in einer der berüchtigten Baracken untergebracht ist, erlaubt jedem, die Wirklichkeit dieser Jahre der Unmenschlichkeit voll und ganz zu erfassen. Die hier ausgestellten Zeugnisse in Schrift und Bild sind schlicht und einfach erschütternd.

Das Europäische Zentrum des deportierten Widerstandskämpfers im KL-System in unmittelbarer Nachbarschaft des Lagers, soll den Bürgern Europas, und besonders der jungen Generation erlauben, sich dieser Tragödie bewusst zu werden, ihre geschichtliche Entwicklung zu verstehen und etwas über die Frauen und Männer erfahren, die es wagten, Widerstand zu leisten.

Jeder Bürger wird hier zum Nachdenken, zum Handeln und zur Wachsamkeit aufgerufen. Dies ist die Botschaft des Struthof. Sie geht uns alle etwas an.

Hamlaoui Mekachera
Staatssekretär für Kriegsveteranen
November 2005

Die Organisation der NSDAP. Nach diesem Schema „beruht der ganze Aufbau der Partei, der zu einem ‚Tausendjährigen Reich'
führen soll, auf einem Führer, zu dem jeder deutsche eine ‚vitale' Beziehung unterhält." Damit sind Partei und Staat eins.

Deutschland unter der Nazi-Herrschaft: ideologische Gleichschaltung und Unterdrückung

Nach der deutschen Niederlage im Ersten Weltkrieg hat die junge Weimarer Republik (1919-1933) einen schweren Stand. Zwar setzen der Wirtschaftsaufschwung der 20er-Jahre und Deutschlands Wiederaufnahme in die europäische Staatengemeinschaft positive Signale, die aber von der Weltwirtschaftskrise 1929 wieder zunichte gemacht werden. Die Leidtragenden dieser Krise sammeln sich um zwei politische Pole: die nationalsozialistische und die kommunistische Partei. Die Angst vor den moskautreuen Kommunisten führt zu einer Allianz zwischen der Nazi-Partei und der bürgerlichen Rechten, die glaubt, Hitler im richtigen Augenblick wieder los werden zu können. Am 30.Januar 1933 wird Hitler von Reichspräsident Hindenburg zum Reichskanzler ernannt.

Bei den Reichstagswahlen vom 5. März 1933 herrscht bereits ein Klima des Terrors. Zwar gewinnen die Nazis „nur" 44 Prozent aller Wählerstimmen, aber zwei Wochen später (24. März) erhält Hitler durch das mit Hilfe des bürgerlichen Lagers verabschiedete „Ermächtigungsgesetz" die absolute Macht. Sofort beginnt die Jagd auf politische Gegner und die Einrichtung der ersten Konzentrationslager. Innerparteilich trennt sich Hitler gewaltsam vom „linken Flügel" der NSDAP (Nacht der langen Messer, 30. Juni 1934) und schüchtert die Rechte ein, während er die Wehrmacht zur staatstragenden Institution macht. Nach dem Tod von Reichspräsident Hindenburg (2. August 1934) ernennt er sich selbst zum „Reichsführer".

Das Nazi-Regime ist nichts anderes als die Umsetzung der Ideologie, die Hitler bereits 1925 in „Mein Kampf" verkündete. Sie lässt sich mit dem Slogan: „Ein Volk, ein Reich, ein Führer" zusammenfassen:

Ein Volk: im Sinne Hitlers ist ein „Volk" eine Bluts- und Rassengemeinschaft; die Deutschen gehören zur überlegenen arischen Rasse, die Gefahr läuft, von den niederen Rassen „infiziert" zu werden. Dabei denkt Hitler natürlich vor allem an die Juden. Sie werden zu Bürgern zweiter Ordnung (Nürnberger Gesetze, 1935) und zu Opfern des Staatsterrors (sogenannte Reichskristallnacht, 1938). Behinderte – eine andere Art von minderwertigem Leben – werden sterilisiert oder ermordet.

Ein Reich: darüberhinaus entwickelt Hitler eine expansionistische Theorie, wonach alle deutschstämmigen Volksgruppen in einem Reich versammelt werden sollen. Das rassisch überlegene Volk muss sich seinen „Lebensraum" erkämpfen, wobei bereits 1933 ein Krieg ins Auge gefasst wird. Geschickt nutzt Hitler die Unentschlossenheit der demokratischen Regierungen, um den Versailler Vertrag (1919) zu verwässern und östliche Nachbarländer wie Österreich und die Tschechoslowakei zu besetzen.

Ein Führer: Ziel dieses Unternehmens ist der Aufbau des „Tausendjährigen Reichs", das voll und ganz auf dem „Führer" beruht – einem selbsternannten „Mann der Vorsehung", der Deutschland gegenüber das „Werk des Herren" erfüllen will. Zwischen Partei und Staat besteht in diesem Regime kein Unterschied. Es beruht auf Propaganda und ideologischer Gleichschaltung. Die Bevölkerung wird von der Geheimen Staatspolizei (Gestapo) überwacht; die bereits im März 1933 eröffneten Konzentrationslager sind unmittelbarer Ausdruck des Staatsterrors.

Drei Beispiele von Lagern, die das Nazi-Regime errichtete.
Rechte Seite: die Festung Queuleu in Metz. Es handelt sich vor allem um ein Lager, in dem Nazi-Gegner aus dem Mosel-Gebiet interniert und verhört wurden (das Foto wurde nach dem Krieg mit ehemaligen Häftlingen nachgestellt)
Oben: Schirmeck (Elsass), Sicherheitslager für Widerstand leistende Elsässer; hier wurden 15 000 Menschen unter sehr harten Bedingungen interniert (das Lager Struthof befand sich am Hang gegenüber dem Schirmeck-Tal, nur wenige Kilometer entfernt).
Unten: Das Lager Auschwitz-Birkenau (Polen), das größte Vernichtungslager des Nazi-Systems; sein Eingang wurde zum Symbol für die nationalsozialistische Barbarei.

Die Lager – ein System
der Unterdrückung und Ausrottung

Am 27. Februar brennt das Reichstagsgebäude in Berlin. Gleich am Tag darauf wird durch die Verordnung „Zum Schutz von Volk und Staat" die sogenannte „Schutzhaft" eingeführt. Zugleich werden sämtliche von der Weimarer Verfassung garantierte Grundrechte abgeschafft. Dieses „Ausnahme-Gesetz" wurde 1936 von Gestapo-Chef Reinhard Heydrich als „die schärfste Waffe der Gestapo" bezeichnet. Dadurch kann jeder Regime-Gegner mundtot gemacht werden – ein Freibrief für unbeschränkten braunen Terror. Noch vor August 1933 werden rund 27 000 Menschen in Gefängnisse und sogenannte „wilde Lager" gesteckt. Diese Einrichtungen, ob in alten Schlössern oder aufgelassenen Lagerhallen (Dachau) untergebracht, stehen meistens unter Kontrolle der SA. Namen wie Dachau, Esterwegen, Sonnenburg oder Sachsenburg erinnern an diese erste Zeit der Verfolgung.

Anfang 1934 werden viele dieser Lager wieder geschlossen; die anderen gehen in die Verwaltung durch SS-Chef Heinrich Himmler und Heydrich über. Vor allem die SS erhält das Gewalt-Monopol über das KL-System. Im Juli 1934 wird der Kommandant des KL Dachau, Theodor Eicke, zum Verantwortlichen der IKL (Inspektion der Konzentrationslager) ernannt. Dieser Organisation mit Sitz in Oranienburg (1938) sind alle Lager untergeordnet.

Nach dem „Modell-Lager" Dachau (1933) und nach Sachsenhausen (1936) werden weitere KL eingerichtet: Buchenwald (1937), Mauthausen (1938) und Ravensbrück (1939). Doch dies ist erst der Anfang – im besetzten Elsass wird im Mai 1941 das KL Natzweiler eröffnet. Zu diesem Zeitpunkt wurden bereits rund 60 000 Menschen in KL eingewiesen. Zwei Organisationen beherrschen das Konzentrationslager-System: die Gestapo besitzt das „Schutzhaft"-Monopol, die SS-Totenkopf-Verbände überwachen die Lager. Beide Organisationen machen Jagd auf Regimegegner. Diese Repression hat auch eine „erzieherische" Funktion, woran die „Sinnsprüche" erinnern, die an den Eingangstoren der KL zu lesen waren. Ziel des ganzen Unternehmens war es, den Widerstand der Häftlinge durch eine regelrechte Dressur zu brechen.

Das Unterdrückungssystem der Nazis umfasst aber auch noch viele weitere Gefängnisse, Festungen und „Sonderlager". Zu nennen wären die Ghettos, „Sonderlager" wie Hinzert bei Trier oder „Fort Queuleu" in Metz, „Sicherungslager" und „Erziehungslager" wie Schirmeck im Elsaß. Ihre konjunkturbedingte Rolle ist abhängig vom Verlauf des Kriegs (Gefangene; Annexion), falls sie nicht – wie die Ghettos – als Wartesaal vor der Vernichtung dienen. Im Gegensatz zu den KL werden solche Lager von der zivilen „Gauleitung" verwaltet.

Ab Ende 1941 wird dann ein anderer Typ von Lager außerhalb des eigentlichen Reichs eröffnet. Es sind die Vernichtungslager im Rahmen der „Endlösung". Konzentrationslager und Vernichtungslager sind also zwei verschiedene Strukturen, die jeweils einem Aspekt einer künftigen „Nazi-Gesellschaft" dienen sollen – der Befreiung des Volks von „minderwertigen Rassen" (Vernichtungslager) und der Unterdrückung jeglicher Gegnerschaft (Konzentrationslager).

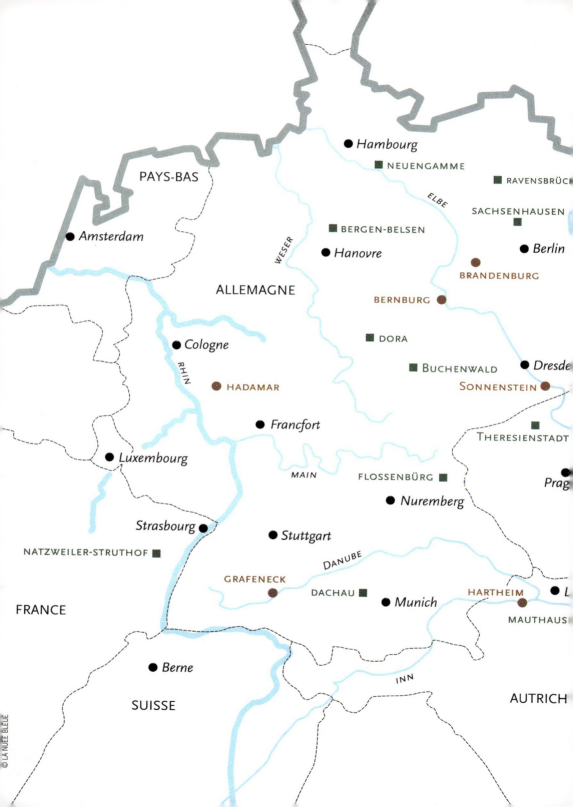

PAYS-BAS

● *Hambourg*

■ NEUENGAMME

■ RAVENSBRÜC[K]

ELBE

■ SACHSENHAUSEN

● *Amsterdam*

■ BERGEN-BELSEN

● *Hanovre*

● *Berlin*

WESER

ALLEMAGNE

● BRANDENBURG

● BERNBURG

RHIN

● *Cologne*

■ DORA

● HADAMAR

■ BUCHENWALD

● *Dresde*

● SONNENSTEIN

● *Francfort*

THERESIENSTADT

MAIN

● *Luxembourg*

FLOSSENBÜRG ■

■

● *Prag*

● *Nuremberg*

● *Strasbourg*

● *Stuttgart*

NATZWEILER-STRUTHOF ■

DANUBE

● GRAFENECK

DACHAU ■

● HARTHEIM ● *L*

FRANCE

● *Munich*

MAUTHAUS

● *Berne*

INN

AUTRICH

SUISSE

© LA NUÉE BLEUE

NIEMEN

● Königsberg

● Dantzig
■ STUTTHOF

Die Grenzen sind die von 1937, mit Ausnahme von Polen, wo der Grenzverlauf nach seiner Teilung durch Deutschland und die UDSSR 1939 eingezeichnet wurde. Das polnische Terrotorium entspricht also dem von Deutschland annektierten Gebiet und dem Generalgouvernement (bis 1941).

VISTULE

● Poznan

TREBLINKA ▲

Varsovie ●

UNION SOVIETIQUE

CHELMNO ▲
(KULMHOF)

Lodz ●

POLOGNE

ODER

SOBIBOR ▲

● Lublin

◆ MAÏDANEK

GENERALGOUVERNEMENT

OSS-ROSEN ■

● Breslau

BELZEC ▲

● Cracovie

● Lvov

◆

AUSCHWITZ

BOHEME-MORAVIE

● VIENNE

● Budapest

HONGRIE

KONZENTRATIONS- UND VERNICHTUNGSLAGER SOWIE EUTHANASIE-ZENTREN

● EUTHANASIE-ZENTREN

■ KONZENTRATIONSLAGER

◆ VERNICHTUNGS- UND KONZENTRATIONSLAGER

▲ VERNICHTUNGSLAGER

〜 NORDGRENZE DES DEUTSCHEN REICHS

---- GEGENWÄRTIGE GRENZEN

1942 – die Nazis setzen auf Zwangsarbeit

Bereits ab 1938 wird die Zwangsarbeit zu einem der wichtigsten Aspekte der KL-Haft. Neben den bereits in den KL eingerichteten Werkstätten besitzt die SS ihre eigenen Unternehmen, wie die 1938 gegründete Firma „Deutsche Erd-und Steinwerke G.m.b.H." (DEST). Sie betreibt Steinbrüche und stellt Baumaterial für die architektonischen Projekte Hitlers und seines Lieblingsarchitekten Albert Speer her. In Berlin und anderen deutschen Großstädten sollen gigantische Bauten das „Tausendjährige Reich" verherrlichen. Und dazu sollen die KL-Insassen, die eine „Sklavenseele" (Himmler) besitzen, durch den Einsatz ihrer Arbeitskraft beitragen. Orte wie Mauthausen, Flossenburg und Natzweiler wurden deshalb zur Ansiedlung von KL ausgewählt, weil in ihrer Nähe ein von den DEST betriebener Granit-Steinbruch liegt.

Die deutsche Niederlage im Blitzkrieg gegen die Sowjetunion (1941/42) führt zu einer endgültigen Umorientierung des KL-Systems. In jedem Lager existiert bereits ein „Arbeitseinsatz" zur Aufsicht über die schon für Privatunternehmen tätigen Arbeitskräfte. 1942 werden die KL in das von Oswald Pohl geleitete SS-WVHA (SS-Wirtschafts- und Verwaltungshauptamt) eingegliedert. Die politisch-repressive Funktion der KL tritt zu Gunsten wirtschaftlicher Überlegungen in den Hintergrund. Die Lager sollen jetzt völlig der Kriegswirtschaft dienen. Der Arbeitseinsatz der KL-Insassen soll „im wahrsten Sinne des Wortes total sein, um einen maximalen Ertrag zu erwirtschaften" (Pohl). So entsteht der Ausdruck „Vernichtung durch Arbeit".

Dieser Wandel führt zu einer Umstrukturierung der KL. Das 1942 gegründete und von Albert Speer geleitete „Reichsministerium für Bewaffnung und Munition" hat die Aufgabe, die Produktion der Staats-und Privatbetriebe zu koordinieren. Im Zentrum dieses Systems steht Himmler, der zugleich für die Haft-Organisation (RSHA) und den Arbeitskräfte-Einsatz (WVHA) verantwortlich ist. Unter seiner Führung entwickeln die KL in ganz Deutschland ein riesiges Netz von Außenlagern, den sogenannten „Kommandos", die von einem Stammlager abhängen und die − direkt oder indirekt − Frauen und Männer aufnehmen, die für Unternehmen Zwangsarbeit leisten mussten.

Dieses Heer von Arbeitskräften kommt der SS finanziell zu Gute: sie erhält pro Tag 6 Reichsmark (RM) für einen Facharbeiter und 4 RM für einen Hilfsarbeiter. Die ganze deutsche Industrie benutzt dieses System, das insgesamt mehr als 3500 Kommandos umfasst. Von Dachau hingen rund 180 Kommandos ab, von Natzweiler 70. Ganz im Gegensatz zu den Sinnsprüchen an den Lagertoren macht Arbeit also keineswegs frei.

Hitler − zwischen Ernst Heinkel, Fritz Todt und Willy Messerschmitt − bei der Verleihung des Deutschen Nationalpreises 1938. Die deutschen Industriellen wurden aufgefordert, ihren Beitrag zur deutschen Kriegsvorbereitung zu leisten. Die grössten deutschen Unternehmen stellten ihre Produktion in den Dienst des Dritten Reichs.

GEDENKSTÄTTE KOCHENDORF

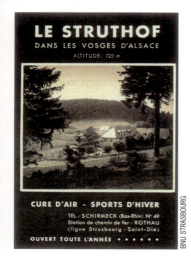

Das KL Natzweiler: ein Konzentrationslager im besetzten Elsass

In der Waffenstillstands-Vereinbarung, die am 25. Juni 1940 zwischen Frankreich und Deutschland getroffen wurde, ist von einem Sonderstatus für Elsass -Lothringen nicht die Rede. Oberelsass, Unterelsass und Mosel-Gebiet (um Metz) wurden schlicht und einfach in das Deutsche Reich eingegliedert und einer Germansierungs- und Nazifierungs-Politik unterworfen. Ihre Bewohner, die jetzt als Deutsche gelten, werden systematisch gleichgeschaltet. Im Juli 1940 wird in Schirmeck (im Breusch-Tal) unter der Leitung von Karl Buck ein erstes „Sicherungslager" eröffnet. Die widerspenstige örtliche Bevölkerung wird dort – manchmal monatelang - aufs Härteste „umerzogen". Das gleiche findet für die Bevölkerung des Mosel-Gebiets im SS-Lager Fort Queuleu in Metz statt.

Kern des Nazi-„Projekts" sind jedoch die KL. Am 10.September 1940 entdeckt der Geologe und SS-Standartenführer Blumberg auf dem „Mont Louise" ein Granitvorkommen. So entsteht der Plan zum Bau eines Konzentrationslagers, das die Nutzung eines Steinbruchs gewährleisten soll. Dazu finden die Besatzer 800 Meter vom Steinbruch entfernt ein Gelände. Dort stehen ein Hotel, ein Bauernhof und die Villa eines Straßburger Bankiers. Als die Besitzer das Gelände nicht verkaufen wollen, wird es einfach beschlagnahmt.

Der Ort war bei den Straßburgern und den Bewohnern des Breusch-Tals als Wandergebiet im Sommer und als Ski-und Rodelgebiet im Winter sehr beliebt. Gegenüber dem Hotel stand ein Gebäude, das als Ball-Saal und Nebengebäude des Restaurants diente. (Dort wird 1943 die Gaskammer eingerichtet.)

Die Nutzung des Steinbruchs wird ab Ende 1940 von zivilen Unternehmen aus der Gegend in Angriff genommen. Die ersten Häftlinge werden am 21.Mai 1941 hierher gebracht und müssen das spätere KL-Gelände einrichten. Von nun an existieren im Breusch-Tal also zwei Lager, deren Aufgabe und Verwaltung sich grundsätzlich unterscheiden. Während Schirmeck als das „Lager der Elsässer" bezeichnet werden kann, werden Menschen aus ganz Europa nach Natzweiler verschleppt, das die Funktion eines KL übernimmt.

Oben: Touristen-Broschüre, die für den Struthof wirbt. Der über den Bahnhof Rothau zugängliche Ort im Breusch-Tal war vor dem Krieg ein beliebtes Wintersportzentrum.

Nach dem Waffenstillstand zwischen Deutschland und Frankreich vom 25. Juni 1940 wurde Wagner zum Chef der elsässischen Zivilverwaltung ernannt. Einige Tage später wurde das Elsass dem Gau Baden auf der rechten Rheinseite angegliedert. Von diesem Zeitpunkt an unternahm Gauleiter Wagner eine brutale Nazifizierung des Elsass.

Baracken in Reih und Glied:
die Raumordnung des Konzentrationslagers

Jede Macht schafft über kurz oder lang eine räumliche Ordnung. So bilden auch die Lager eine rationell festgelegte Struktur, die von einer ideologischen Zielsetzung abhängt. Sie liegen ausserhalb des „normalen Lebens", sind aber in Hinblick auf eine „Normalität" organisiert. Für die große Mehrheit – die Häftlinge – geht es dabei ums Überleben und nur für eine Minderheit – die Aufseher - um annehmbare Lebensbedingungen.

Das KL Natzweiler ist räumlich eng begrenzt. Ein doppelter Stacheldraht-Verhau, dessen innerer Zaun unter Strom steht (380 Volt), trennt es von der Aussenwelt. Die abschüssige Lage (20% Gefälle) zwingt die Häftlinge dazu, Terrassen einzurichten. Auf ihnen werden links und rechts von einer zentralen Achse, die durch Treppen begrenzt wird, 15 Blöcke errichtet. Natzweiler besitzt als einziges KL einen solchen Grundriss. Wenn ein Häftling das Eingangstor im oberen Lagerteil durchschreitet, entdeckt er eine räumliche Anordnung, die langam, aber unweigerlich auf den Tod zuführt. Dieser begegnet ihm auf der untersten Terrasse, wo 1943 das Krematorium gebaut wurde.

Das Lager Natzweiler-Struthof mit seinen Baracken und seinem doppelten elektifizierten Stacheldrahtzaun (die zwei kleinen Holzhütten links sind Hundezwinger). Das Foto wurde Ende November 1944 aufgenommen.

„Ich fühle mich gar nicht im Stande, diese Terrassen hinter mir zu lassen, weil sie so übersichtlich angelegt sind, dass ich sie mit einem Blick überschauen kann. Hier gibt es keine Unübersichtlichkeit wie in anderen Lagern und nirgends eröffnen sich dem Auge andere Räume. Alles ist deutlich sichtbar. Alles wurde von der ehrgeizigen Dienerin des Todes rationell organisiert, und die Treppen wurden so sauber in Stein gehauen, dass man ohne Schwierigkeiten zum heiß glühenden Altar hinuntersteigen kann."

So schreibt der Slowene Poris Pahor nach seinem KL-Aufenthalt.

Neben dem Krematorium steht der „Bunker" (das Gefängnis). Die zwei anderen heute noch sichtbaren Gebäude waren die Schreibstube und die Häftlings-Küche. Andere Gebäude, die heute verschwunden sind, dienten als „Revier" (Häftlingskrankenbau) und als „Blöcke" (Baracken). Auf den Terrassen, die in 800 Meter Höhe dem eisigen Wind ausgesetzt sind, befanden sich die Appellplätze. Elemente der „Normalität" sind eine Bibliothek, ein Kinosaal für die SS und sogar ein Häftlings-Orchester, das am Sonntag für die SS aufspielte.

Acht Wachtürme überschauen den Raum, der keine Form von Privatsphäre gestattet. Außerhalb des abgesperrten Geländes stehen ein paar Werkstatt-Baracken und die SS-Gebäude. Im Umkreis des Lagers befinden sich auch die Villa des Kommandanten, sein privates Schwimmbecken, und etwas weiter entfernt, das Hotel Struthof und seine Nebengebäude, von denen eines 1943 zur Gaskammer umgebaut wurde. Rund 800 Meter entfernt liegt schließlich der abgeriegelte Steinbruch mit 13 Baracken, die als Lager und Werkstätten dienten.

Diese schematische Anordnung bestehend aus Blöcken, Eingangstor, Stacheldraht und Wachtürmen findet man auch in den Ende 1942 eingerichteten „Kommandos" (Aussenlager). Manche benutzen jedoch schon bestehende Gebäude wie Bauernhöfe (Peltre, Obernai), Militärgelände (Echterdingen), Industrieanlagen (Geisenheim, Geislingen, Sainte-Marie-aux-Mines) und sogar Schulen (Neckarelz, Mannheim). Die meisten dieser Lager wurden in aller Eile eingerichtet, weshalb die Lebensbedingungen dort noch schlimmer waren als im Stammlager.

Oben: das Lager Natzweiler-Struthof, gegen 1942. Rechts steht die Villa Ehret mit ihrem privaten Schwimmbecken; diese Villa war der Wohnsitz des Lagerkommandanten.

Dieses Schild untersagt den Zugang zum Lager Natzweiler-Struthof und das Fotografieren. Zwei Schilder dieser Art wurden in der Nähe des Lagers aufgestellt.

Das Lager Natzweiler-Struthof, Ende 1942. „Bei seiner Ankunft im oberen Teil des Lagers und nach dem Überschreiten des Lagertors entdeckt der Häftling eine Kulisse, die ihn dem Tod unweigerlich näherbringt."

Der Bahnhof von Rothau (1942). Häftlinge entladen einen Waggon unter Aufsicht von SS-Leuten. In Rothau wurden die Neuankömmlinge „ausgeladen" und zu Fuß oder mit Lastwagen in das Lager Natzweiler-Struthof gebracht. Sie marschierten durch den Wald oder benutzten eine von anderen Häftlingen gebaute, 8 Kilometer lange Straße.

LUCIEN KOHLER

Oben: Luftaufnahme des Lagers durch die englische Luftwaffe, Anfang 1943.
Unten: Luftaufnahme des gesamten Struthof-Geländes (um 1955). Im Vordergrund: die Gaskammer (1) und das Hotel (2).
Die von den Kommandanten bewohnte Villa Ehret (3) liegt ganz nahe beim Lager (4). Der Weg zum Steinbruch (5).

16

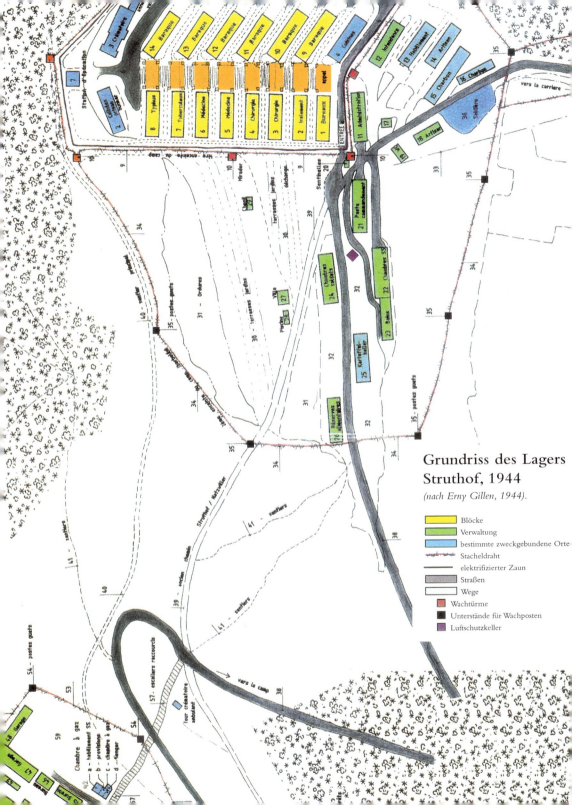

Grundriss des Lagers Struthof, 1944

(nach Erny Gillen, 1944).

🟨	Blöcke
🟩	Verwaltung
🟦	bestimmte zweckgebundene Orte
⌇⌇	Stacheldraht
—	elektrifizierter Zaun
▬	Straßen
▭	Wege
🟥	Wachtürme
⬛	Unterstände für Wachposten
🟪	Luftschutzkeller

Eine unerbittliche Entmenschlichungs-Maschine

Sogar das Vokabular der Unterdrücker ist kennzeichnend: der Neuankömmling ist nicht etwa ein „Zugänger", sondern ein „Zugang", der dann sogar zum „Stück" degradiert wird. Das Leben im Lager läuft auf die Zerstörung des Menschlichen hinaus. Der Entmenschlichungs-Prozess beginnt beim Verlassen der Haftanstalt – oder des Ghettos – und geht beim Zug-Transport weiter. Manchmal werden hundert Häftlinge in einen für vierzig Leute gedachten Wagon gepfercht, „*unaufhörlich aufeinander geworfen in einer Atmosphäre von Übelkeit, Durst und dem Gestank der Ausscheidungen (…). Wir hingen an der Wagonwand und saugten an den Lüftungs- Schlitzen*", schrieb der Häftling Michel Ribon. Die Wagontüren öffnen sich am Bahnhof von Rothau. Sobald die Toten aus dem Wagon geschafft wurden, hagelt es Schläge, Befehle werden gebrüllt, Hunde

MUSEE D'ETAT D'AUSCHWITZ-BIRKENAU

Anthropometrische Aufnahmen eines polnischen KL-Insassen (Matrikel 87 057) aus Auschwitz, bei seiner Ankunft in Natzweiler-Struthof. „Nach seiner Einlieferung in das Lager ist der Häftling nur noch eine Nummer, ein unpersönliches Element der KL-Bevölkerung."

bellen. Der Aufstieg zum Lager in Lastwagen oder für die meisten zu Fuß führt über die Fahrstrasse oder einen steilen Waldweg, in Fünferreihen. Beim Durchqueren des Dorfs Rothau erhalten die Einwohner den Befehl, die Fensterläden zu schließen, und auch die SS sind dazu angehalten, die Häftlinge während dieser Zeit korrekt zu behandeln.

Auf dem Gipfel angelangt entdeckt der Häftling eine neue irreale Welt, „ *eine ausserordentliche Landschaft mit Bergen und Tälern in verschiedenen Grün-Nuancen und dann tausende von Pyjamas in Holzschuhen, die gedrängt um die Blöcke marschierten (…) – Typhuskranke, Versuchskaninchen und andere Aussätzige.*" (M. Ribon). Der Gegensatz zwischen der Schönheit der Natur und der von der SS geschaffenen Gegenwelt ist hier besonders ergreifend und bedrückend.

Ein furchterregendes Ritual jagt das andere - alles zum Zweck der

Julian Czuperski: der am 22. November 1929 geborene Junge wird aus Warschau evakuiert und dann am 22. August 1944 über Auschwitz in die Außenlager von Natzweiler-Struthof – Dautmergen, Bisingen und schließlich Schömberg – deportiert. Er war einer der jüngsten Deportierten des KZ-Systems Natzweiler (nach seiner Befreiung im April 1945 kehrt er in das zerstörte Warschau zurück).

18

Kennzeichen für Schutzhäftlinge in den Konz. Lagern

Form und Farbe der Kennzeichen

	Politisch	Berufs-Verbrecher	Emigrant	Bibel-forscher	Homo-sexuell	Asozial
Grundfarben						
Abzeichen für Rückfällige						
Häftlinge der Straf-kompanie						
Abzeichen für Juden						
Besondere Abzeichen	Jüd. Rasse-schänder	Rasse-schänderin	Flucht-verdächtig	Häftlings-Nummer		Beispiel
	Pole	Tscheche	ehemaliger Wehrmacht Angehöriger	Häftling 1a		

2307

Kennzeichen für die verschiedenen Kategorien von Häftlingen in Natzweiler-Struthof. In den Spalten sind folgende Bezeichnungen vermerkt: politisch(er) Häftling, Berufsverbrecher, Emigrant (Heimatloser), Bibelforscher (Zeuge Jehowas), Homosexueller, Asozialer. Die waagrechten Zeilen betreffen die Kennzeichen und die Farbe der „Winkel": Grundfarben, Rückfällige, Strafkompanie, Juden usw…

Entmenschlichung. Die Häftlinge müssen sich entkleiden, kommen unter die Dusche und werden dann rasiert – eher eine Demütigung als eine Maßnahme zur Bekämpfung der Flöhe, die sich sowieso früher oder später einnisten werden. Jegliches Haar muss verschwinden, wobei das Haupthaar *„von deutschen Firmen verwendet wird, um daraus ‚Rosshaar' zu machen"* (Aussage von Lagerkommandant Kramer bei seinem Prozess). Anschließend folgt die Leibesvisite und das Bestreichen mit Desinfektionslösung, die auf der von schlecht geschärften Rasierklingen wund gescheuerten Haut brennt.

Schließlich erhält der Häftling seine Holzpantinen und – vor allem in den Kommandos - die gestreifte Lagerkleidung. Im Hauptlager trägt er oft zusammen gestoppelte Zivilkleidung, in der er wie eine Vogelscheuche aussieht. Die auf einen Streifen Stoff geschriebene Matrikel-Nummer und der „Winkel", der seine Kategorie kennzeichnet, werden von ihm selbst auf Hose und Jacke genäht. Von diesem Augenblick an ist der Mensch nur noch eine Nummer, ein Element in der Masse der Insassen. Nach der Einweisung in einen Block sucht er sich einen Platz unter den anderen, die wie er ein einziges gemeinsames Ziel haben: das Überleben. *„Sind wir noch Menschen oder eher mit einem Etikett versehene, nummerierte Objekte? Die erste Zerrüttung."* (André Ragot, ehemaliger Häftling).

KZ - GEDENKSTÄTTE KOCHENDORF

Ein Schuh und ein Fausthandschuh, wie sie von Häftlingen getragen wurden (gefunden im Außenlager Kochendorf, das Natzweiler-Struthof angegliedert war).

Rechts: Silhouet eines NN (Nac und Nebel Häftlings, gezeichn von André Rag (unten ein Foto na seiner Befreiung a dem Lager Strutho

Auf der gestreifte Sträflingskleidu des Nacht- ur Nebel-Häftlin stehen die Initiale NN. Solc Häftlinge sind völ von der Außenwe abgeschnitten: dürfen weder Pake noch Briefe erhalte und keine Nachric über ihr Schicks soll nach ihr Einweisung na draußen gelange

DR

„Nacht und Nebel" – politische Gefangene, die sich in Nichts auflösen

Der Erlass von Marschall Keitel vom 16. September 1941 sieht für die Verübung von Akten des Widerstands die Todesstrafe vor. Aber die Nazis begreifen sehr schnell, dass vor Ort abgehaltene Prozesse die Widerstandskämpfer zu Märtyrern machen. So schafft der Keitel-Erlass vom 7. Dezember 1941 die Kategorie der NN-Häftlinge. Die in Deutschland Verhafteten werden eine Zeitlang in Gefängnisse oder Lager gebracht und schließlich anderswo verurteilt. Ab Februar 1942 bedient sich die Gestapo dieses Erlasses, um das Konzept der „Schutzhaft" noch zu erweitern und die Haftbedingungen zu verschärfen. Die NN-Häftlinge werden von der Aussenwelt abgeschlossen, der Empfang von Päckchen und Briefen ist ihnen untersagt. Nach ihrer Aufnahme in ein Lager dürfen keine Informationen über ihr Schicksal weiter gegeben werden.

Nach einem ersten Aufenthalt im SS-Sonderlager Hinzert werden sie oft in andere KL wie Sachsenhausen, Mauthausen oder (für Frauen) Ravensbrück gebracht. Ein vom RSHA erlassener Befehl vom 20. September 1943 macht Natzweiler zu dem Lager, das alle NN aufnehmen soll. Der erste NN-Transport mit 71 Norwegern erreicht das Lager am 15. Juni 1943. In diesem Jahr werden 981 NN aufgenommen, bis August 1944 rund 2500. Zu diesem Zeitpunkt wird die Kategorie NN abgeschafft (30. Juli). Sie wird nur auf westeuropäische Staatsbürger angewandt. In Natzweiler sind 65% von ihnen Franzosen, 10,9% Niederländer, 10,3% Belgier und 10,1% Norweger. Bei der Räumung des Lagers sind 22,6% der Insassen NN.

ANDRÉ RAGOT

Das Eintreffen der ersten Franzosen in drei Transporten (9., 12. und 15.Juli 1943) sorgte im Lager für Aufsehen. Obwohl sie vom Lagerkommandanten als Berufsverbrecher angekündigt wurden, „hat der Empfang, der diesen französischen Widerstandskämpfern zuteil wurde, mehr als einen schockiert", schreibt der norwegische NN-Häftling Kristian Ottosen. Die SS behandeln sie äußerst brutal. Schon am Tag nach ihrer Ankunft werden die 56 ersten Franzosen zum Steinetransport abkommandiert. Zur Mittagszeit sind 50 von ihnen am Ende ihrer Kräfte: Schwerarbeit, Schläge und Hundebisse verwandeln

G

Konzentrationslager Natzweiler   Art der Haft polit. 145   Franzose   Gef. Nr.: 16959

Name und Vorname: L e r o y , Bernard

geb.: 5.2.1925   zu: Angers (Maine et Loire)

Wohnort: Poitiers (Vienne) 3, Rue de Chilbert

Beruf: Student   Rel. r.kath.

Staatsangehörigkeit: Frankreich   Stand: ledig

Name der Eltern: Georges L., - Georgette geb. Massé   Rasse:

Wohnort: Poitiers, wie oben

Name der Ehefrau:

Wohnort:

Kinder: keine   Alleiniger Ernährer der Familie oder der Eltern: -

Vorbildung: 6 J.VS. 5 J.Mittelschule

Militärdienstzeit: keine   von — bis

Kriegsdienstzeit: keine   von — bis

Grösse: 168   Gestalt: mittel   Gesicht: oval, voll   Augen: d.braun

Nase: gradl.   Mund: aufgew.unter Ohren: l.abst.   Zähne: vollst.

Haare: schwarz   Sprache: franz.

Ansteckende Krankheit oder Gebrechen: keine

Besondere Kennzeichen: keine

Rentenempfänger: nein

Verhaftet am: 24.2.1944   wo: Poitiers, w.o.

1. Mal eingeliefert: 2.6.1944, Kl.Na.   2. Mal eingeliefert:

Einweisende Dienststelle: Sipo P a r i s

Grund: Wiederstand

Parteizugehörigkeit: keine   von — bis

Welche Funktionen: -

Mitglied v. Unterorganisationen: -

Kriminelle Vorstrafen: keine

Politische Vorstrafen: keine

I.T.S. FOTO No. 4063 ua

Ich bin darauf hingewiesen worden, dass meine Bestrafung wegen intellektueller Urkundenfälschung erfolgt, wenn sich die obigen Angaben als falsch erweisen sollten.

v. g. u.

Der Lagerkommandant

MUSÉE DU STRUTHOF

Bei der Einweisung des NN-Häftlings Bernard Leroy in Natzweiler-Struthof ausgefüllte Urkunde, Juni 1944.

Mitgliedsausweis des politischen Häftlings Boris Pahor (Nationale Vereinigung der deportierten und internierten Patrioten). Auf diesem Dokument sieht man unter anderem, daß Pahor in Natzweiler, Dora und Bergen-Belsen interniert war.

sie in lebende Leichen. Bis Oktober 1943 wird ihnen der Zugang zum „Revier" verwehrt. Viele von ihnen sterben: unter den 1943 umgekommenen NN sind 75,5% Franzosen. Nur die Solidarität der Mithäftlinge, die aufopfernde Pflege durch die Ärzte und ihr unerschütterlicher Widerstandsgeist halten manchen am Leben.

Von links nach rechts: Monsignore Gabriel Piguet, Bischof von Clermont-Ferrand; vor seinem Transport nach Dachau wurde er 1944 in Natzweiler-Struthof interniert. General Delestraint, vor seiner Hinrichtung in Dachau NN-Häftling in Natzweiler-Struthof. Joël Le Tac, Mitglied des französischen Widerstands (FFI). Er gehört zu den Widerstandskämpfern, die im März 1941 bei der ersten Operation dieser Art mit dem Fallschirm über dem besetzten Frankreich abspringen. Als Organisator der Widerstandsgruppe Overcloud wird er verraten, von der Gestapo verhaftet und im Juli 1943 nach Natzweiler-Struthof gebracht. Später wird er nach Dachau, Neuengamme, Gross-Rosen, Dora und Bergen-Belsen deportiert. Er überlebt diesen Transport.

Porträts von Häftlingen aus verschiedenen europäischen Ländern
(Kochendorf, ein Außenlager von Natzweiler-Struthof).

EHEMALIGES KZ-KOCHENDORF

*Von links nach rechts und von oben nach unten: Jerzy Kubiczki, Kazimierz Rudzinski, Emile Delaire, Arthur Delaire,
Léon-Maurice Basiez, Gustave Carpentier, Paul Thellier, Georges Rattaire, Aart van Sliedrecht.*

52 000 Häftlinge aus ganz Europa

Die Geschichte des KL Natzweiler begann am 21.Mai 1941. Damals erreichten die ersten 150 Häftlinge aus dem KL Sachsenhausen das Gelände. Am 23. Mai folgten ihnen 150 weitere. Bis April 1945 machen rund 52 000 Menschen mit dem Lager Bekanntschaft. Das erst relativ spät eingerichtete KL Natzweiler durchläuft in Bezug auf das Eintreffen von Insassen verschiedene Phasen. Bis September 1942 gilt es als „geschlossen" und kann nur Häftlinge aufnehmen, die schon in anderen KL inhaftiert waren. Dann wird es zum „Einweisungslager": die Häftlinge kommen direkt von der Gestapo oder aus den Gefängnissen Europas hierher.

Zu Beginn ist die Zahl der Ankömmlinge recht gering: zwischen Mai und Dezember 1941 sind es 539; 1942 dann 1465. Diese Häftlinge sind die Erbauer des Lagers. Bis Februar 1942 sind sie gegenüber dem Hotel Struthof untergebracht, um die Terrassen in den Fels zu hauen und Blöcke zu konstruieren. Von Beginn an werden viele Häftlinge mit anderen KL ausgetauscht, vor allem mit Dachau. Die Insassen sind bald erschöpft, und Natzweiler hat bis Mitte 1942 kein „Revier". 1943 dagegen erhöht sich die Zahl der Ankömmlinge (4808), und die ersten Kommandos werden eröffnet. Dann steigt ihre Zahl rasant, was mit der wachsenden Unterdrückung und den Bedürfnissen der Kriegsindustrie zusammenhängt: 24 065 zwischen Januar und Anfang September 1944, und dann noch weitere 20 000 zwischen Mitte September 1944 und April 1945.

Das Leben im Lager ist gekennzeichnet durch das unaufhörliche Kommen und Gehen von Frauen und Männern aus ganz Europa. Während der gesamten Periode bilden Polen (35%), Sowjet-Russen (25%), Serben, Kroaten, Slowenen, Italiener, Tschechen, Balten, Belgier, Luxemburger, Niederländer, Norweger, aber auch Deutsche insgesamt eine Schicksalsgemeinschaft von mehr als 20 Nationen. 14% von ihnen sind Franzosen, wozu auch die Elsässer (230 Insassen) und die Bewohner des Mosel-Gebiets (810) gezählt werden. Die zwei ersten Franzosen werden am 27. Juni 1941 aus Dachau nach Natzweiler gebracht: es handelt sich um einen Elsässer (Matrikel Nr.304) und einen Lothringer (Nr. 312). Das Lager ist für maximal 3000 Menschen vorgesehen. Im September 1944 jedoch hausen mehr als 6000 Häftlinge in ein paar überfüllten Blöcken. Von 1944 an werden die meisten Häftlinge aber direkt in die Kommandos gebracht. Von den insgesamt 52 000 KL-Insassen sind 35- bis 38 000 trotz ihrer Registrierung in Natzweiler nie im Hauptlager gewesen.

Foto eines norwegischen Häftlings (es wurde von einem belgischen Häftling aufgenommen und aus dem Lager geschmuggelt).

K. OTTOSEN / OSLO

„Ein Tag gleicht dem anderen."[1]

„Ihre spindeldürren Silhouetten liessen sich auf allen Baustellen leicht erkennen. Sie erinnerten an diese zarten getrockneten Pflanzen, die in einem Herbarium platt gedrückt wurden, und beim Herausnehmen Gefahr liefen, vom kleinsten Windhauch geknickt zu werden und in Staub zu zerfallen. (...) Sie schienen weder sehen noch hören zu können. (...) Ihre raschen Blicke wanderten schräg nach links oder nach rechts, scheinbar ohne sich auf irgend etwas zu richten; als ob diese Schatten hofften, dem Schmerz zu entkommen, der mit dem Sehen, dem Hören oder der bloßen Kopfbewegung verbunden war."

Michel Ribon

1. Dieser Satz stammt von dem großen italienischen Schriftsteller und ehemaligen Auschwitz-Insassen Primo Levi.

ERIC SCHWAB / AFP

Die Entmenschlichung wird bis aufs Äußerste voran getrieben. Foto bei der Befreiung des Lagers Buchenwald, 1945.

Terror und Tod im Alltag

Nach einer kurzen Quarantäne muss der Häftling versuchen, sich zu orientieren. Die SS, aber auch die Mithäftlinge, müssen beobachtet und eingeschätzt werden. Um zu überleben, bedarf es der Wachsamkeit und der Vorsicht, und auch die Kontakte zu den Landsleuten sind entscheidend. Das Lager ist eine Ansammlung einsamer Menschen, die gemeinsam zu überleben versuchen, indem sie sich mit Gesten, Blicken und einem Jargon verständigen, den man schnell erlernen

COLL. JEAN SIMON / © GAYOT

muss. Wer sich gehen lässt und sich zum Beispiel nicht mehr wäscht, hat den Kampf bereits verloren. Er wartet auf den Tod und wird, nach dem geläufigen KL-Ausdruck, „ein Muslim".
Von Frühjahr bis Herbst werden die Häftlinge um 4 Uhr morgens geweckt, im Winter um 5 Uhr. In weniger als einer Stunde müssen sie ihren Strohsack ordentlich herrichten („Bettenbau") und sich waschen. „Der Blockführer zwang uns, mit nacktem Oberkörper herumzulaufen und uns von oben bis

unten naß zu machen. Das Wasser war eisig, und derjenige, der nicht schnell genug zu den Waschbecken gelangen konnte, bekam dann sofort Stockschläge. (...) Wir waren 140 Häftlinge, und es war praktisch unmöglich, dass sich alle zur gleichen Zeit waschen." (Bericht des ehemaligen Häftlings R. Feron). In den Außenlagern waren die Lebensbedingungen noch schlimmer.

Beim Morgenappell wird auch festgestellt, wer in der Nacht verstorben ist. Dann werden die Arbeitskommandos gebildet. Diese Prozedur kann sich bei Wind und Kälte lange hinziehen und wird so zu einer Art Kollektiv-Strafe. Ende November 1941 wird beim Morgenappell eine allgemeine Leibesvisitation organisiert. Der Appell dauert bis Mittag. Bei einer Temperatur von minus 14 Grad müssen die Häftlinge stündlich ein Kleidungsstück ausziehen. Viele bekommen einen Schlaganfall und brechen zusammen. Die Bedingungen sind so verheerend, dass sich selbst der SS-Arzt in Berlin über die Strenge des Lagerkommandanten beschwert. In einem Monat sterben 23 Häftlinge an den Folgen dieses Appells.

Nach dem Abendappell und der Ausgabe einer Mahlzeit gehen um 20 Uhr oder 21 Uhr die Lichter aus. Im Lager muss dann Stille herrschen.

Der große Schriftsteller und ehemalige Auschwitz-Insasse Primo Levi schrieb lakonisch: „Ein Tag gleicht dem anderen."

Linke Seite (unten): Abzählen und „Auswahl" von Häftlingen, die in einem Schlafraum auf Pritschen zusammengepfercht waren. Zeichnung von Henri Gayot.

Unten: Diese Zeichnung von Henri Gayot, die er nach seiner Befreiung aus Natzweiler machte, stellt eine Appell-Szene dar, wie sie zu jeder Stunde im Lager stattfinden konnte.

Die Suppenverteilung: diese Szene soll im Außenlager Neckarelz (Teil des Natzweiler-Systems) gezeichnet worden sein. „Nach der Suppe stürzen sich die ‚Verreckenden‘ auf die Feldkessel, um sie ‚auszukratzen‘. Andere stehlen im SS-Zwinger ‚Hundekuchen‘. Die Vierbeiner werden allgemein besser ernährt als die Häftlinge.“ Zeichnungen von Jacques Barrau.

Der nagende Hunger:
die Hunde werden besser ernährt als die Häftlinge

Leif Poulson, ein norwegischer Arzt und ehemaliger Häftling im KL-Natzweiler, beschreibt die systematische Kontrolle, die durch den Hunger ausgeübt wird. Nach der Morgentoilette gibt es „ein bisschen Kaffee-Ersatz oder eine klare Brühe mit einer Scheibe Graubrot für denjenigen, der genug Willensstärke besaß, etwas von der Abendration zurückzuhalten. (...) Die Mittagsmahlzeit wurde draußen oder unter einem Holzverschlag eingenommen und bestand aus einem Liter Suppe mit Kohl oder einem anderen Gemüse, in der ein paar Fleischfasern schwammen. Nach etwa einer Stunde Pause wurde bis zum Abend weiter gearbeitet. (...) Nach dem Abendappell wurde das Abendessen ausgeteilt: 350 Gramm grobes Mischbrot, 20 Gramm ziemlich wässriger Margarine und meistens ein kleiner Teelöffel Marmelade mit einem Stück Dauerwurst (die von den Häftlingen „Gummiwurst" getauft wurde), dazu eine große Tasse Kaffee-Ersatz oder klare Brühe. Selten gab es dazu 2 oder 3 gekochte und ungeschälte Kartoffeln, meist von schlechter Qualität. (...) Kurz gesagt herrschte im Lager qualitative und quantitative Unterernährung. Ein Häftling bekam auf keinen Fall mehr als (täglich) 1200 Kalorien."

Nach der Suppenausgabe stürzen sich die „Verreckenden" auf die Feldkessel, um sie „auszukratzen". Andere stehlen im SS-Zwinger „Hundekuchen". Die Vierbeiner werden allgemein besser ernährt als die Häftlinge. Auch hier geht es in den Außenlagern noch schlimmer zu. In Kochendorf zum Beispiel stammt das ausgeteilte Fleisch von Tieren, die bei Bombenangriffen verendet waren.

Lager-Alltag: Abends sinkt man wie ein Tier in den Schlaf – zu zweit auf einer Pritsche.
Zeichnung von Jacques Barrau.

Die Lagerverwalter...

Die Verwaltung der Lager besteht aus fünf Abteilungen. Von jeder hängt das Überleben der Häftlinge ab. Kommandantur, Gestapo, Haft und Arbeit, Logistik und Gesundheit stehen unter der Oberaufsicht des Lagerkommandanten, der allein der Reichsregierung Rechenschaft schuldig ist. Alle Aspekte des täglichen Lebens werden streng geregelt, nichts bleibt dem Zufall überlassen, und die Häftlinge sind sowohl den SS wie auch ausgewählten Häftlingen im Rahmen der „Häftlingsselbstverwaltung" unterworfen.

Kommandanten, Offiziere, Unteroffiziere und einfache Soldaten sollen die KL funktionsfähig machen und betrachten ihre Aufgabe aus rein verwaltungstechnischem Blickwinkel. Sie sind ausnahmslos mittelmäßige Persönlichkeiten, die oft erst seit kurzem (nach 1933!) Mitglied der NSDAP sind. In Natzweiler etwa muss man zwischen Verwaltern wie Zill (Partei-und SS-Mitglied seit 1925) und Kramer unterscheiden. Die Kommandanten sind jung und haben – mit Ausnahme

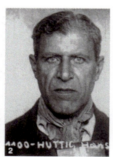

Lagerkommandanten, Offiziere, Unteroffiziere und Posten von Natzweiler-Struthof : 1. SS-Unterscharführer Albert Fuchs. „Ich sehe noch Fuchs vor mir, wie er am Boden liegenden Häftlingen mit seinen Stiefeln Tritte versetzt; sie versuchten mit letzter Kraft aufzustehen und verendeten schließlich wie Tiere." (Roger Monty, französischer Häftling). 2. SS-Untersturmführer Hüttig; 3. SS-Obersturmbannführer Friedrich Hartjenstein; 4. SS-Untersturmführer Karl Rieflin; 5. SS-Oberscharführer

von Hüttig – nicht am Ersten Weltkrieg teilgenommen. Alle wurden in Dachau „ausgebildet", haben mehrere KL kennen gelernt und beherrschen sozusagen ihren Beruf. Hüttig, der typische Organisator, konstruiert das Lager; Zill, ein Fanatiker, sorgt für Disziplin. J. Kramer ist der Urtyp des Kommandanten: er führt seinen Beruf ohne Skrupel aus und ist auch für die Vergasungen verantwortlich. Als er im Mai 1944 nach Birkenau versetzt wird, organisiert er zusammen mit Rudolf Hoess die massive Vergasung ungarischer Juden. Dann beantragt er seine Versetzung nach

...kaltblütige Terror-Profis

Bergen-Belsen, da es ihm in Birkenau nicht gefällt: Nach Angaben seiner Frau habe es ihm dort an Grün und an Blumen gefehlt. Die Nachfolge tritt SS-Sturmbannführer Fritz Hartjenstein an, der nach seiner Versetzung von Birkenau nach Natzweiler die Evakuierung überwachen muss. Letzter Kommandant ist schließlich H. Schwarz aus Monowitz. Gleich unter dem Kommandanten stehen Offiziere und Unteroffiziere, denen die Häftlinge völlig ausgeliefert sind. Die Posten sind (deutsche oder nicht-deutsche) Mitglieder der Waffen-SS. Ihre Tätigkeit in einem KL erspart ihnen den Einsatz an der Front, aber sie wissen auch, dass sie jederzeit dorthin abkommandiert werden können, falls sie ihre Aufgabe nicht erfüllen. Ein furchterregendes System, auch wenn die Garnison nicht zahlreich ist: weniger als 200 Mann für 6000 Häftlinge. Es funktioniert unter anderem durch die perverse Übertragung von Befugnissen, welche die SS ausgewählten Insassen anvertraut, so etwa das Amt des Lager-, Block- oder Stubenältesten oder des Kapo. Dieses System ist umso

Alfred Haas; 6. SS-Unterscharführer Franz Ehrmanntraut; 7. SS-Hauptscharführer Joseph Seuss; 8. SS-Oberscharführer Robert Nitsch; 9. SS-Untersturmführer Horst Volkmar; Foto aufgenommen in SS-Uniform im Steinbruch von Natzweiler-Struthof. 10. SS-Hauptscharführer Wolfgang Seuss, in SS-Uniform © franz. Verteidigungsministerium / Prozedur Struthof.

wirkungsvoller als die Verantwortungsträger unter Kriminellen und Asozialen ausgewählt werden, die auf soziale Rache aus sind und alles tun, um die Vorteile ihrer „Stellung" zu wahren. Erst im März 1944 wird der deutsche politische Häftling Willy Behnke (Matrikel Nr.6) Lagerältester. Alle politischen Häftlinge erkennen seine Bemühungen an, ihr Los zu verbessern. Nach der Auflösung von Natzweiler im September 1944 und der Verlegung der Häftlinge in die verschiedenen Aussenlager geht das Tauziehen zwischen „Berufsverbrechern" und „Politischen" weiter.

Rekonstitution eines „Gerichtsverfahrens"
(Zeichnung von Henri Gayot).

Strafen und Schikanen eine Vielfalt von Unterdrückungsmethoden

Das Leben der Häftlinge wird von einer Lagerordnung bestimmt. Wie auch sonst dient das KL Dachau als Modell. Bereits die Einleitung ist eindeutig: *„Toleranz bedeutet Schwäche."* Die folgenden Menschendressur-Bestimmungen normieren und legitimieren die Ausübung von Gewalt. Allein die SS haben Rechte, die Häftlinge nur Pflichten. Jedes Vergehen wird bestraft, jede Einzelheit – ein schlecht gemachtes Bett, schmutzige Pantinen – wird registriert und geahndet. Die Strafe ist individuell oder kollektiv. Der Strafvollzug ist Sache des Lagerkommandanten, der von den SS oder den Kapos über das Vergehen informiert wird. Die Spitznamen dieser SS und Kapos sprechen Bände: „Knochenbrecher", „Maschinenpistole", „Tiger", „Jojo, der Schlagstock"...

Häufig verhängte Strafen sind Schreib-Verbot, Am-Pranger-Stehen beim Lagertor oder die Einweisung in eine Strafkompanie. Dies gilt auch für die Prügelstrafe: Auf dem eigens dafür vorgesehenen Prügelbock erhält der Bestrafte jeweils fünf Schläge, die er laut auf Deutsch zählen muss – sonst wird wieder von vorne begonnen. Die öffentlichen Prügel haben – wie das Erhängen – erzieherische Funktion. Alfons Christmann, der einzige Häftling, der beim Ausbruch vom August 1942 wieder eingefangen wurde, erleidet den Tod durch den Strang. Alle Häftlinge müssen am Galgen vorbei gehen, an dem seine Leiche hängt.

In ihrer kodierten Sprache reden die SS von „Sonderbehandlung". Die Strafen reichen von 3 bis 42 Tagen. In den Strafzellen sind oft 20 Häftlinge zusammengepfercht. In den schwersten Fällen werden sie in kleine völlig dunkle Käfige gesperrt, in denen sie kaum Luft bekommen und sich gerade noch hinkauern können.

In den Außenlagern lassen die SS ihrer Fantasie noch mehr freien Lauf. In Neckarelz etwa mussten die Bestraften ihren leeren Napf im Mund halten, die Knie beugen und die Arme ausstrecken, auf die ein Stein oder ein Holzbalken gelegt wurde. Anderswo müssen sie mit Steinen beschwert herumlaufen oder im Schlamm kriechen.

Oben, links und rechts: Alltagsszenen aus dem Lager Natzweiler-Struthof (die Rückkehr der Häftlinge nach einem Arbeitstag). Zeichnungen von Henri Gayot.

Horrende Sterblichkeit – das KL Natzweiler, eines der mörderischsten deutschen Lager

Das Klima, die Höhenlage, die Schläge, der Hunger, die Angst, die Schreie und die schwere Arbeit gehören zum Alltag der Insassen. Jede Fortbewegung wird zur Plage.

„Ein Häftling in Natzweiler-Struthof muss andauernd besonders hohe Stufen hinaufsteigen. Nach gewisser Zeit haben die Häftlinge nicht mehr genug Kraft, ihre Beine zu heben, und bewegen sich deshalb auf seltsame Weise fort: vor jeder Stufe nehmen sie Schwung, legen die Hände auf ein Knie und heben es hoch, um den Fuß auf die nächst höhere Stufe stellen zu können. Das geht so weiter, bis sie schließlich zum Block gelangen. Es kommt vor, dass ein Häftling es nicht alleine schafft. Dann ist er froh, wenn ein weniger schwacher Mithäftling ihm dabei hilft.“ (K. Ottosen). Nach den Worten von Primo Levi, *„beginnt der Tod bei den Schuhen“*, die zu regelrechten Folterinstrumenten werden. Den Häftlingen mit wunden Füßen drohen Infektionen und Blutvergiftung. Der Mangel an Hygiene und an sauberer Kleidung trägt zur Erhöhung der Sterblichkeit bei. Genau so wie die harte Arbeit und die unzureichende Gesundheits-Versorgung.

Die menschliche Bilanz ist erschreckend: mehr als 20 000 Tote, davon rund 3 000 im Stammlager. Insgesamt sterben in Natzweiler und seinen Außenlagern über 40% der Häftlinge, etwa der selbe Prozentsatz wie in den mörderischsten Lagern vom Typ Sachsenhausen oder Bergen-Belsen. Von Oktober 1944 an übersteigt die Todesrate monatlich 10%. Die angegebenen Todesursachen, die von den SS-Ärzten gewohnheitsmäßig gefälscht werden, verbergen die tatsächlichen Krankheitsbilder. Dabei werden oft vage Ausdrücke wie „Herzschwäche" oder „Kraftlosigkeit" benutzt. In Natzweiler beträgt die durchschnittliche Überlebenszeit sechs Monate. Hier lässt der Tod nicht lange auf sich warten.

Ärzte als Henker – zahllose Kranke bleiben ohne Versorgung

Das „Revier" (Häftlingskrankenbau) wird in Natzweiler erst im Herbst 1942 eröffnet. Und dies nicht aus Menschenfreundlichkeit: ein Rundschreiben des WVHA vom 23. März 1942 erklärt das Ziel dieser Einrichtung: „um die verschiedenen Aufgaben zu erfüllen, die dem KL zugeteilt wurden, muss die Kraft der Häftlinge bewahrt werden."

Im September 1944 umfasst das Revier schliesslich sechs Blöcke: Chirurgie (Block 3 und 4), Allgemeinmedizin (Block 5 und 6), Tuberkulose-Kranke (Block 7), Typhus (Fleckfieber)-Kranke (Block 8). Zu diesem Zeitpunkt beherbergt es mehr als 1200 Häftlinge, mehr als ein Viertel der Insassen des Stammlagers. Die Außenlager besitzen erst ab 1944 ein Revier. Im November nimmt der Krankenbau von Vaihingen alle Arbeitsunfähigen des Natzweiler-Lagernetzes auf.

Das von einem SS-Arzt überwachte Revier funktioniert eigentlich nur dank des aufopferungsvollen Einsatzes der Häftlingsärzte. Ohne Arbeitsmittel und Medikamente, die den SS vorbehalten sind, vollbringen sie Wunder. „Wir mussten Medizin wie im grauen Mittelalter betreiben. (...) Dabei trafen wir auf alle möglichen Pathologien der Verwesung", erinnert sich Dr Léon Boutbien. In Neckarelz gelang Dr Philippe Bent eine Bein-Amputation mit einem Fleischermesser, Nadel und Faden, Nähzwirn und einer Metallsäge. Die Promiskuität der Kranken, die schmutzigen Strohmatratzen, die nie gewechselt werden, der Mangel an Verbandszeug und Medikamenten – all dies fördert den Ausbruch von Epidemien, die kaum ernsthaft behandelt werden. Der norwegische Arzt Dr. Leif Poulson, der zusammen mit dem

belgischen Mediziner Dr Georges Boogaerts in den Revieren von Natzweiler, Neckarelz und Vaihingen tätig war, stellt fest, dass „60% (der Kranken) keine therapeutisch wirkungsvolle Behandlung erhielten."

Keiner der sieben SS-Ärzte, die in Natzwiller die Aufsicht führten, befolgte die Regeln seines Berufsstandes. Nach Aussagen von Dr. Boogaerts habe ihm einer der Ärzte „ in mehreren Fällen klar und deutlich untersagt, Häftlinge zu operieren, deren Zustand schnelles Eingreifen erforderte." Statt zu pflegen und zu heilen, wurden alle SS-Ärzte – sei es durch ihre Handlungen oder Unterlassungen – zu Henkern im weißen Kittel.

Anthropometrische Fotos, aufgenommen nach der Befreiung vom Nazi-Regime. Sie zeigen Otto Bickenbach (oben) und Eugen Haagen. Diese Professoren der Reichsuniversität Straßburg sind zusammen mit August Hirt für die medizinischen Experimente an Häftlingen in Natzweiler-Struthof verantwortlich.

Medizinische Experimente pervertierter Wissenschaftler

Am 23. November wird in Straßburg die „Reichsuniversität" eingeweiht. Sie tritt an die Stelle der seit 1939 nach Clermont Ferrand verlegten französischen Universität. Dank bedeutender Investitionen soll sie nach den Worten von Dekan R. Anrich „die (Pariser) Sorbonne übertreffen". Ihr Lehrkörper besteht aus bekannten, politisch angepassten Professoren. Die medizinische Fakultät zählt 38 Lehrkräfte. Drei von ihnen missbrauchen ihren schon früher erworbenen Ruf, um im Namen der Wissenschaft, die sie zu vertreten vorgeben, die schlimmsten Greuel zu verüben. Das KL Natzweiler wird zum Ort ihrer makabren Experimente.

Der berühmte Anatom August Hirt, ein überzeugter Nazi, ist ein Vertrauter von SS-Reichsführer Heinrich Himmler. Bereits Ende 1942 experimentiert er an Häftlingen die Wirkungen von Senfgas. Ein Häftling, der diesen Experimenten beiwohnte, war Zeuge von acht Todesfällen: „überall dort, wo ein Tropfen Senfgas den Körper berührte, kam es zu Verbrennungen; manche wurden sogar teilweise blind. Sie litten unvorstellbare Qualen."

ARCHIVES FACULTE DE MEDECINE DE STRASBOURG

In der Mitte, Professor August Hirt, bei Laboruntersuchungen an der medizinischen Nazi-Fakultät Straßburg, wo er den Lehrstuhl für Anatomie, Histologie und Embryologie innehatte. Hirt führte im KL Natzweiler an Häftlingen Experimente mit Senfgas durch und liess Juden aus dem KL Birkenau in Natzweiler vergasen, um eine anatomische Sammlung der „jüdisch-bolschewistischen Rasse" einzurichten. Er beging während des deutschen Debakels im Juni 1945 im Schwarzwald Selbstmord.

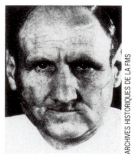

In Verbindung mit dem 1935 von Himmler gegründeten „*Deutschen Ahnenerbe*" („*Studiengesellschaft für Geistesurgeschichte*") schlägt Hirt bereits 1942 vor, eine anatomische Sammlung von Vertretern einer „neuen Rasse" zu schaffen. Dabei handelt es sich um die von den Nazis „identifizierte" Rasse der „Judeo-Bolschewiken". Zu diesem Zweck wird im Nebengebäude gegenüber dem Hotel Struthof eine Gaskammer konstruiert. Am 12. April 1943 gibt Kramer bekannt, dass die „G-Zelle" funktionsbereit sei.

Die Versuchskaninchen stammen aus dem KL Birkenau. Anfang August 1943 treffen in Natzweiler 57 Männer und 30 Frauen ein; alle sind Juden. Zwischen dem 11. und 19. August werden sie von Kramer mit Hilfe von Blausäure vergast und ihre Leichen sofort ins Anatomische Institut der Straßburger Fakultät gebracht. Die geheime Operation läuft nachts ab. Kein offizielles Lager-Dokument berichtet darüber. Erst 2003 wurden endlich die Namen aller Opfer bekannt. Trotz dieser Gaskammer ist Natzweiler jedoch kein Massenvernichtungs-Lager. Hier geht es allein um „Wissenschaft". Die in den Boden der Gaskammer eingelassenen Becken zur Aufbewahrung der Leichen wurden nie benutzt, aber ihr Vorhandensein beweist, dass weitere Vergasungen geplant waren.

Otto Bickenbach ist Virologe. Auch er benutzt die Gaskammer, um Forschungen über das Giftgas Phosgen zu betreiben, obwohl er bereits vor dem Krieg dafür ein Gegenmittel gefunden hatte. Er macht 15 Versuche an Kriminellen und Zigeunern. Viele von ihnen sterben. Einer der Überlebenden sagt aus: „Nach ungefähr 10 Minuten hörte ich einen dumpfen Knall – so als würde jemand in die Hände klatschen. Es waren die Lungen von zwei Häftlingen, die um den Ventilator laufen mussten. Sie waren „geplatzt", und aus ihrem Mund, ihren Ohren und ihrer Nase rann bräunlicher Schaum."

Oben: Porträt von August Hirt während des Krieges; damals war er Professor an der Straßburger Reichsuniversität.

Foto einer Zigeunerin, die für die medizinischen Experimente von Professor Hirt „ausgewählt" wurde (die Einrahmung des Fotos mit roter Tinte soll von Hirt selbst stammen).

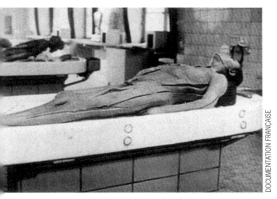

Diese Fotos wurden nach der Befreiung vom Nazi-Regime von der französischen Militärpolizei aufgenommen. Die von Auschwitz nach Natzweiler gebrachten Juden sollten auf Anordnung von Hirt den Grundstock einer Skelettsammlung bilden. (Anatomisches Institut Straßburg, Ende 1944).

Schließlich ist da noch der weltbekannte Bakteriologe Eugen Haagen, der 1938 auf die Liste der Nobelpreis-Anwärter gesetzt wurde. Er beschäftigt sich mit Typhus. 1943 und 1944 werden zwei Versuchsserien gestartet: geimpfte und nicht geimpfte Versuchspersonen werden mit dem Fleckfieber-Virus infisziert. Der Impfstoff wurde 1936 unter anderem von Haagen selbst entwickelt, fiel aber nicht zu seiner Zufriedenheit aus. Ein Häftlingsarzt berichtet, dass die Versuche „unter schauderhaften hygienischen Bedingungen durchgeführt wurden. Der Versuchsraum erinnerte an zwei überfüllte Affenkäfige." Die stümperhaft durchgeführten Experimente führen im April/Mai 1944 zur Verbreitung des Virus im ganzen Lager.

Und im September 1944 hatte sich Hirt immer noch nicht um die Leichen der Vergasten gekümmert, die dann sogar zum Teil eingeäschert wurden, um keine Spur zu hinterlassen. Auch Bickenbach legte nicht das geringste Forschungsergebnis vor: der von Haagen entwickelte Impfstoff ist heute noch in Gebrauch.

Vor seiner Festnahme begeht Hirt Selbstmord. Die beiden anderen „Wissenschaftler" werden 1952 zu lebenslänglicher, später zu 20 Jahren Zwangsarbeit verurteilt. Sie werden jedoch bereits 1955 freigelassen und können ihren Beruf in Deutschland weiter ausüben. Aus dem Gefängnis schreibt Haagen an seine Frau: „Ohne diese verfluchten Franzosen, die mich hier festhalten, wäre ich schon Nobelpreisträger."

Am Ende des Wegs – das Krematorium

Als letzte Station in dieser makabren Landschaft liegt das Krematorium mit seinem hohen Schornstein im unteren Teil des Lagers. Bei Nordwind spüren die Häftlinge den Rauch und den Gestank der verbrannten Leichen. Von 1941 bis Februar 1943 wurden die Toten auf Kosten der SS im Städtischen Krematorium von Straßburg eingeäschert. Dann wird gegenüber dem Hotel Struthof ein provisorisches Krematorium eingerichtet. Im Oktober 1943 wird das endgültige Krematorium eröffnet. Wie in anderen Konzentrationslagern besitzt es einen einzigen Verbrennungsofen. Die Einrichtung des Krematoriums ist eine Notwendigkeit: die steigende Zahl der Toten durch Hinrichtungen und die damals beginnenden medizinischen Experimente erfordern eine rasche und geheime Beseitigung der Opfer.

Das Gebäude ist zweigeteilt: ein „öffentlicher Flügel" umfasst Räume für Aufnahme, Rasur und Dusche; im Anschluss daran liegt der „Flügel des Geheimnisses" mit dem Verbrennungsofen, genau über der Leichenhalle. Daneben die Räume, in denen die SS-Ärzte des Lagers oder der Reichsuniversität Straßburg Hinrichtungen vornehmen oder Versuchskaninchen beobachten. Ganz hinten schließlich liegt ein Autopsie-Saal. Ein anderer Raum beherbergt Urnen, in denen die Asche der deutschen Häftlinge aufbewahrt wird. Ihre Familien können ihre sterblichen Überreste gegen Zahlung hier abholen: 60 Reichsmark für eine Terrakotta-Urne, 70 RM für eine emaillierte Blechurne. Die Asche der übrigen Häftlinge wird in einen Graben geworfen und dient gelegentlich als Dünger für die Gärten der SS. Haare, Goldzähne und Zahnprothesen werden gesammelt. Alles wird hier zum Handelsobjekt. Selbst im Tod verliert der Häftling seine Menschenwürde.

Der Verbrennungsofen des Krematoriums Natzweiler-Struthof bei der Befreiung des Lagers durch die Amerikaner im November 1944 (hier ein US-Soldat in Begleitung eines französischen Widerstandskämpfers).

Oben: ein Tisch mit Haaren (auf diesem Bild 29 Kilo) im Lager Natzweiler-Struthof; er wurde bei der Befreiung des Lagers gefunden. Die Haare der Häftlinge wurden geschnitten und an Firmen verkauft, die sie als „Rosshaar" verwendeten.

Unten: Metall- und Tonurnen in einem Nebenraum des Krematoriums mit der Asche von Häftlingen. Diese wurde ihren Angehörigen gegen Bezahlung übergeben (das Foto stammt von einem US-Soldaten bei der Befreiung des Lagers).

Die Hinrichtungen im KL Natzweiler:
ein mörderischer Wahnsinn

Das der Öffentlichkeit unzugängliche Lager erlaubt der Gestapo – sei es auf dem äußeren Gelände der „Sablière", sei es im Krematorium – von der SS mehr als 250 Menschen hinrichten zu lassen. Sie sind keine Häftlinge und kommen deshalb in keiner SS-Statistik vor.

Die erste Operation dieser Art soll sich Mitte Mai 1942 abgespielt haben. Sie betrifft sechs Personen: einen Bäcker und seine Familie. Der jüngste von ihnen war ein etwa drei Jahre altes Kind. 1943 steigt die Zahl der hingerichteten Elsässer im Zusammenhang mit der Verweigerung der Zwangsrekrutierung in die Wehrmacht auf 24. Am 17. Februar werden 13 junge Männer aus Ballersdorf (Haut-Rhin) mit einem Schuss in den Rücken hingerichtet. Die Hinrichtungskosten beziffert die „Kommandantur" auf 127,05 R.M. Die Rechnung geht an die Straßburger Gestapo. Im Sommer 1944 hätten nach Aussagen von Magnus Wochner, dem Leiter der Politischen Abteilung, *„fast täglich Hinrichtungen stattgefunden."* Am 19. Mai werden vier Lothringer und sieben Luxemburger erschossen. Dann werden Polen und Russen aus den Außenkommandos am Neckar und aus Kochem erhängt. Im Revier beobachtet Dr Henri Chrétien Hinrichtungen durch Injektionen, die *„ so bekannt wurden, dass eine echte Welle der Angst vor Injektions-Behandlungen entstand".* Am 6. Juli 1944 treffen vier *„gut gekleidete"* Frauen ein, *„die ich von der Sanitätsbaracke aus beobachtete, und die aussahen, als seien sie auf Besuch."* Diese britischen Geheimagentinnen des SOE (Special Operations Executive) waren in Frankreich verhaftet und über ein Karlsruher Gefängnis nach Natzweiler gebracht worden. Lagerkommandant Hartjenstein führt sie in den „Bunker". Bei Anbruch der Nacht werden eine nach der anderen im Krematorium durch eine Phenol-Injektion ermordet. Verantwortlich für diese Tat sind die SS-Ärzte Rhode und Plazza. Die Leichen werden sofort eingeäschert. In der Nacht vom 1. zum 2. September 1944 kommt es zu massiven Hinrichtungen. 107 Mitglieder der in Schirmeck zusammengetriebenen Widerstandsbewegung „Réseau Alliance" und 35 Widerstandskämpfer aus den Vogesen werden durch Pistolenschüsse hingerichtet. Max Nevers arbeitete damals in der Küche. Er wird mitten in der Nacht gerufen, um Kaffee zu bringen. Aus der geöffneten Tür des Krematoriums schlägt ihm Hitze entgegen, und er sieht SS-Leute mit nacktem Oberkörper in voller Aktion. Einer fesselt den Opfern die Hände, ein anderer versetzt ihnen den Gnadenstoß. Andere Opfer werden an Haken, die von der Decke baumeln, aufgehängt. Nevers verlässt den Ort fluchtartig, weil er gesehen hat, was keiner sehen durfte. Die Leichen werden sofort eingeäschert – gespenstische Szenen in einem Lager, das kurz vor der Evakuierung sowieso schon unter Hochspannung steht. In der Nacht ist der Kamin des Krematoriums rot glühend, und Flammen steigen zum Himmel auf.

MUSÉE DU STRUTHOF (DON CLÉMENTINE SEGER)

Plakat mit der Ankündigung des Todesurteils für sechs Elsässer, 15. Juli 1943. Das Lager Natzweiler-Struthof wurde auch von den SS benutzt, um von den Nazis verurteilte Elsässer hinzurichten.

Vier Widerstandskämpferinnen wurden in Natzweiler-Struthof hingerichtet – von links nach rechts: Andrée Borrel, die erste französische Widerstandskämpferin, die mit dem Fallschirm über Frankreich absprang; Vera Leigh (von einer amerikanischen Familie adoptierte Französin), Diana Rowden (Französin/Engländerin) und Sonia Olschanzky (Französin).

Die geglückte Flucht im August 1942 ein waghalsiges Unternehmen

Zahlreiche von den SS ausgestellte Todesurkunden tragen den Vermerk *„auf der Flucht erschossen"*. Dies entspricht jedoch nicht der Wahrheit. Diese Vermerke verbergen von den Posten verübte Morde und Hinrichungen. Als Belohnung winkten ihnen materielle Vorteile oder bei Vereitelung einer Flucht ein paar Tage Urlaub.

Echte Fluchtversuche gibt es selten. Das Stammlager wird streng überwacht. Die auf der Flucht überraschten Häftlinge werden entweder auf der Stelle liquidert oder verhaftet und ins Lager zurückgebracht, wo auf ihre Jacke eine Zielscheibe gemalt wird.

Die einzige gelungene Flucht ist die vom 4. August 1942. Fünf Häftlinge (ein Deutscher, ein Tscheche, ein Österreicher, ein Pole und ein Elsässer) nutzen einen günstigen Augenblick, um einen gut vorbereiteten Plan auszuführen. In Abwesenheit des Lagerkommandanten und mehrerer Offiziere stehlen sie ein Fahrzeug und SS-Uniformen. Sie fahren durch die Postenkette, grüßen mit „Heil Hitler" und setzen ihren Weg bis in die Vogesen fort, während ein Gewitter im Anzug ist. Dann trennt sich die Gruppe. Ein einziger Häftling wird wieder eingefangen und am 5. November 1942 im KL öffentlich gehängt. Bis 1944 sind die echten oder vorgetäuschten, gelungenen oder misslungenen Fluchtversuche jedenfalls sehr selten. 85% der insgesamt rund 300 Versuche finden in Außenkommandos statt. Sie werden dadurch erleichtert, dass die Häftlinge am Arbeitsplatz schwerer zu überwachen sind. Und auch der Typ des Aufsehers ändert sich: die oft älteren, gegen Kriegsende bewussteren und ideologisch weniger „sicheren" Posten (die Totenkopf-SS-Leute sind hier weniger zahlreich) zeigen bei ihrer Tätigkeit geringeren Eifer. Davon profitieren vor allem die Häftlinge, die noch bei Kräften sind.

Die Außenkommandos:
Vernichtung durch Arbeit

„*Arbeit macht frei*" – in diesem Satz gipfelt die grausame Perversion der Nazi-Ideologie. Von 1942 an sind die KL zwei von Himmler geleiteten Verwaltungen unterworfen: dem RSHA (Gestapo) und dem WVHA (Wirtschaft). Eine Organisation verhaftet und versklavt, die andere liefert der Kriegsindustrie das nötige Menschenmaterial. Aber auch innerhalb des Lagers müssen die Häflinge weiterhin schwer arbeiten. Im erst spät errichteten Lager Natzweiler gibt es keinen Übergang zwischen diesen Etappen, was die Situation der Insassen noch verschlimmert.

Ein SS-Rundschreiben vom 30. April 1942 betont die Notwendigkeit der „*Mobilisierung aller arbeitsfähigen Häftlinge, einerseits für den augenblicklichen Krieg, andrerseits für den künftigen Frieden. (...) Der Arbeitsdauer sollen keine Grenzen gesetzt werden.*" Dieser Text ist ein regelrechter Freibrief zur „Vernichtung durch Arbeit".

Es gibt mehrere Arten von Kommandos: die einen werden zu Bauarbeiten eingesetzt – Baracken, Terrassen, Kanalisationen und Stacheldrahtzäune werden von den Häftlingen selbst errichtet. Manche Kommandos sind äußerst mörderisch. Ein Beispiel: der 1943 in den Felsen gehauene 70 Meter lange Keller außerhalb des Stacheldrahtzauns, der sogenannte „Kartoffelkeller" oder die am Stacheldrahtzaun gelegene Baustelle, die zur „Schlucht des Todes" (Ravin de la mort) wird. Hier ist der Ort der Qualen für die französischen NN-Häftlinge. SS und Arbeitskapos zeichnen sich durch besonders gezielten Sadismus aus. Ein zwangsverpflichteter

Die Häftlinge arbeiten unter Aufsicht von SS-Leuten am Bau der Straße zum Steinbruch (Foto eines SS-Manns).

Teilansicht des Steinbruchs von Natzweiler-Struthof. Das Foto stammt von einem SS-Offizier (August 1943).

Zivilarbeiter entdeckt auf der Keller-Baustelle *„einige der Franzosen, die sich kaum aufrecht halten konnten, da ihre Waden von Hunden zerfleischt waren und das lose Fleisch in Fetzen herunterhing. (…) Ich habe einen Franzosen mit zerfleischten Füßen auf dem Boden liegen sehen. Sein Fersenknochen war zu sehen, und er lag ohne Verband da. Ein SS-Aufseher sagte mir: „Dieser Jude wird wohl bald sterben.“* (A. Schwanger) Die SS schlagen mit Schaufelstielen auf sie ein *„ bis 20 oder 30 Kameraden bewusstlos mit klaffenden Wunden am Boden liegen“.* (A. Spitz). Genauso hart sind die Straßenbau-Kommandos. Weniger schwer und deshalb sehr begehrt sind die Instandhaltungs-Arbeiten (Schuster, Schneider, Effektenkammer…). Es gibt sogar ein Gartenbau-Kommando zur Pflege der Grünflächen und Blumen! Dazu kommen Dienstleistungs-Kommandos wie Schreibstube, Küche, Autowerkstatt, Friseur oder Orchester…

Das Stammlager ist auch ein Ort der Produktion. Der Steinbruch ist der unausweichliche Durchgangsort für alle Neuankömmlinge. Dennoch tritt der Granit-Abbau bereits 1942 zu Gunsten der Reparatur von Junkers-Flugzeugmotoren in den Hintergrund. Für diese Tätigkeit wird mit dem Ausschachten von drei Tunnels begonnen, die aber nie benutzt werden.

In den Außenkommandos wird ähnlichen Tätigkeiten nachgegangen. Manche werden von den Umständen diktiert: so werden die Häftlinge zur Minenräumung in bombardierten deutschen Städten abkommandiert. Häftlinge aus Kochendorf und Neckargartach zum Beispiel sind mit der Räumung des zerstörten Heilbronn beauftragt und begraben dort mehr als 6000 Bombenopfer.

Eine der Lagerhallen des Steinbruchs, 1944.

43

Die Außenkommandos, Metastasen des Bösen

Am 15. Dezember 1942 wird das erste Außenkommando mit 200 Insassen in Obernai eröffnet. Bis 1945 werden auf beiden Seiten des Rheins 70 weitere solche Lager eingerichtet. In diesem Zusammenhang bildet Natzweiler einen Sonderfall, da es seit September 1944 nur noch über seine Außenkommandos auf der rechten Seite des Rheins funktioniert. Die Organisation dieser Lager gleicht der des Stammlagers. Die Häftlinge sind in Fabriken, Schulen (Mannheim, Neckarelz) oder in Lagerhallen untergebracht. Am Arbeitsrhythmus ändert sich nichts: zwei Kommandos lösen sich nach jeweils 12 Stunden ab. Zur harten Arbeit und zum Hunger kommt oft auch der kräftezehrende Anmarschweg zur Fabrik. Ab 1944 steigt die Sterblichkeit in erschreckender Weise.

Die Kommandos stehen im Dienst der SS, der Kriegsindustrie oder der Luftwaffe. Ob in der Nachrichtenschule für SS-Helferinnen (Obernai) oder SS-Helfer (Metz-Queuleu), im SS-Gestüt (Peltre) oder im Ausbildungslager für Nicht-Deutsche SS (Cernay), im Kisten-und Flaschenkommando (Iffezheim) oder in der Effektenkammer (Binau) – überall werden die Häftlinge zu den schwersten Arbeiten herangezogen. Das kleinste Kommando ist das von Guttenbach: drei Häftlinge sind in Fahrbereitschaften (Autowerkstätten) tätig und wohnen bei Familien. Bei den Häftlingen im Dienst der Kriegsindustrie herrschen ganz verschiedene

Oben: „Der Kapo mit dem grünen Winkel". Zeichnung von Jacques Barrau, ausgeführt 1944 in Neckarelz, einem Außenlager von Natzweiler-Struthof.
Unten: Häftlings-Kolonnen durchqueren die Stadt Sainte-Marie-aux-Mines, um sich zur Arbeit im Tunnel zu begeben.

COLL. GILLEN

Fünf luxemburgische Häftlinge in Schömberg, einem der Außenlager von Natzweiler-Struthof. Auf diesem heimlich aufgenommenen Foto sind Charles Hausemer und Joseph Schiltz zu sehen.

Situationen. Sie sind abhängig von Aufträgen des Kriegsministeriums und der Unternehmen, die mit den SS Verträge abschließen. Diese besitzen ein Arbeitskräfte-Reservoir, das in ganz Europa ständig erneuert werden kann. Die ganze deutsche Industrie profitierte davon; Daimler Benz (Mannheim, Urbès, Neckarelz, Haslach), BMW (Sainte-Marie-aux-Mines), Messerschmitt (Leonberg, Hessental), Heinkel (Kochendorf), IG Farben, AEG, Bosch...Die Häftlinge werden zur Verrichtung einfacher Arbeiten direkt in die Firmen geschickt und dort von zivilen Vorarbeitern beaufsichtigt. Die alliierten Bombardierungen zwingen dazu, die Produktionsstätten unterirdisch anzulegen. Von den Internierten werden Tunnels (Urbès, Kochem) oder Bergwerke (Kochendorf, Neckarelz, Thil) ausgebaut, um dort Maschinen aufzustellen. Auf diesen gigantischen Baustellen ist die Sterblichkeit erschreckend. Riesige Komplexe entstehen im Neckartal und in der Gegend um Balingen. Hier soll das Unternehmen „Wüste" in sieben Lagern und zehn Produktionsstätten durch Ölschieferabbau Treibstoff herstellen. Rund 10000 Häftlinge werden hier eingesetzt. Das Dritte Reich ist jetzt in der

Defensive, und die rasche Einrichtung von Kommandos ist eine Flucht nach vorne, natürlich auf Kosten der Häftlinge. Thil existiert nur kurze Zeit (Juni bis September 1944). Es ist das einzige Außenkommando, das außerhalb der annektierten Provinzen, im besetzten Frankreich (Meurthe-et-Moselle) eingerichtet wurde. Ungarische Juden sollen dort die V1 und V2-„Vergeltungswaffen" herstellen. Sie werden anschließend in das Außenlager Dora verlegt.

War dieses System der „Vernichtung durch Arbeit" produktivß Die Aufgaben wurden Menschen übertragen, die dazu weder die nötige Ausbildung, noch die Kraft oder Motivation besaßen. Das Ergebnis ist eine ungeheure kriminelle Vergeudung menschlicher Energie. Kein einziges Produktionsziel wurde erreicht. Das Reich, das noch an den Kriegsgewinn glaubte, stellte unter Zeitdruck die größte und mörderischste Zwangsarbeits-Maschine des Jahrhunderts auf die Beine, die sich obendrein hinter idyllischen Namen wie „Goldfisch" (Neckarelz), „Steinbock" (Neckargerach) oder „Eisbär" (Kochendorf) verbarg... In diesem System maßen weder die SS noch die Privatindustrie dem menschlichen Leben irgendwelche Bedeutung bei. Und seine mitten in Deutschland funktionierenden Einrichtungen konnte die Zivilbevölkerung kaum ignorieren.

Oben: „Im Bergwerk Stollen III." Zeichnung von Jacques Barrau, ausgeführt in Neckarelz, einem Außenlager von Natzweiler-Struthof, 1944. Rechts: Luxemburgische Häftlinge vor einem Baugerüst in Schömberg, einem Außenlager von Natzweiler-Struthof. Heimlich aufgenommenes Foto, Anfang 1945.

BELGIQUE

LUXEMBOURG

TREIS

BRÜTTIG

Cochem

Bruttig

Moselle

Longwy

THIL

AUDUN-
LE-TICHE

HAYANGE

Thil

METZ

PELTRE

Neckarelz

SCHWINDRATZHEIM

RASTA

IFFEZHEI

SANDWEI

BADEN OC

STRASBOURG ▲

Natzweiler-Struthof

Schirmeck ●

ROTHAU ▲

▲ DORLISHEIM

OBERNAI

OFFENB

NATZWEILER-STRUTHOF

FRANCE
OCCUPEE

Sainte-Marie-aux-Mines

SAINTE-MARIE
AUX-MINES

COLMAR

Obernai

HASLA

Moselle

Rhin

Haslach

Urbès

URBES

CERNAY

MULHOUSE

1946: jüdische Überlebende gedenken der Befreiung des Außenlagers Dautmergen (angegliedert an Natzweiler-Struthof).

USHMM

Arbeitsjuden – vom Leidensweg der jüdischen Frauen und Männer

Am 5. Oktober 1942 wird die Verlegung aller jüdischer KL-Insassen nach Auschwitz angeordnet. „So wurden die Lager im Reich ‚judenfrei' gemacht" (Aussage von E. Zill nach dem Krieg). 1943 gehen die Transporte weiter, während Juden zur Vergasung nach Natzweiler gebracht werden. Ab Sommer 1944 werden vor allem eine große Zahl ungarischer Juden nach Birkenau deportiert, um dort ermordet zu werden. Parallel dazu werden jedoch mehr und mehr „Arbeitsjuden" in der Kriegsindustrie eingesetzt. Nach der Aussortierung in Birkenau gelangen sie in verschiedene KL, wo sie schlimmste Lebensbedingungen erwarten.

Ab Juni 1944 erhalten die von Natzweiler abhängigen Kommandos jüdische Häftlinge: 800 erreichen Thil, 2189 Vaihingen und 465 Wesserling. Nach der Evakuierung von Natzweiler im September 1944 geht der Transport weiter. Der sowjetische Druck im Osten führt zur Räumung der dortigen KL (Stutthof, Lublin, später Auschwitz), und zahlreiche Juden treffen in Leonberg

und vor allem in den Kommandos des Unternehmens Wüste ein. Das Männer-Lager Natzweiler besitzt auch Frauen-Kommandos mit ungarischen und polnischen Jüdinnen. Kurze Zeit in Hayange (August 1944) und hauptsächlich in Geislingen, Frankfurt-Walldorf, Geisenheim und Calw. Bei der Ankunft in Walldorf, berichtet Suzanne Farkas, „waren wir sehr schwach; nach drei Tagen ohne Wasser und Nahrung mussten wir Gräben ausheben und Schienen verlegen." In Geislingen bedienen die Frauen riesige Pressen, die von 20 bis 200 Tonnen wiegen. In Geisenheim arbeiten sie in einem Stahlwerk, das Flugzeugteile herstellt.

Manchmal kennt der Sadismus der SS keine Grenzen. In Geislingen wurden zwei Geburten gemeldet: „ der Kommandant und einige SS-Frauen nahmen das Kind und legten es hinaus in die Kälte. Wir mussten seinem Todeskampf zuschauen." (S. Bitman). In Geisenheim „war ein Kind am Verhungern. Ein SS-Mann befahl, ihm nichts zu essen zu geben, es aber bei seiner Mutter zu lassen. Sie hat ihm nachts ein bisschen Wasser gegeben." (S. Blustein) Das Kind starb innerhalb von sechs Tagen. Die Juden, die schon bei ihrer Ankunft sehr geschwächt waren, wurden noch weniger geschont als andere Internierte. Ihre Todesrate lag bei 30%. Sie stieg durch die Todesmärsche sogar noch weiter an.

Vaihingen – das Sterbelager

Das in Vaihingen an der Enz gelegene Außenlager durchläuft zwei Etappen. Am 9. August 1944 treffen hier 2189 polnische Juden ein, um für Messerschmitt eine unterirdische Fabrik einzurichten. Die Baustelle wird jedoch schnell aufgegeben, und die Häftlinge werden auf andere Kommandos verteilt. Im November wird Vaihingen dann zu einem sogenannten Kranken- und Erholungslager für die Außenlager von Natzweiler, die ihre Arbeitsunfähigen dorthin schicken. Für 3000 Menschen wird Vaihingen zum Sterbelager. Die Todesrate schwankt je nach Transport zwischen 41,5% und 87,5%. Die Lebensbedingungen sind entsetzlich, und die Häftlingsärzte tun ihr Bestes, um Menschenleben zu retten. Verbandszeug und Medikamente werden von den SS zurückgehalten.

INITIATIVE KZ-GEDENKSTÄTTE

Ein deutscher Häftling, der fünf Jahre in verschiedenen KL verbrachte, ist entsetzt über das, was er in einer Baracke sieht: *„Ein Geruch von Leichen, Urin, Fäulnis und Fäkalien packt mich an der Gurgel und verschlägt mir den Atem. Skelettartige Wesen krochen auf dem Boden oder hingen von den Pritschen (…) Manche Kranke waren völlig erschöpft und wogen nicht mehr als 40 Kilo, waren bedeckt mit entzündetem Zellgewebe und Geschwüren, mit schmutzigen Verbänden, litten an Ruhr und konnten sich nicht mehr allein fortbewegen (…). Ihr Darminhalt war ganz wässrig, sickerte durch die Strohmatratze und tropfte auf die Pritsche darunter. (…) Ein Überleben erschien mir hier undenkbar. Trotz meiner Erfahrungen hatte ich so etwas noch nie gesehen.“* (H. Grosspeter).

Der Zeuge hatte den „Block der Verreckenden" betreten. Der SS-Arzt Dr Dichmann ließ in den anderen Baracken in mehreren Sprachen die folgende Warnung anschlagen: *„Jeder Kranke, der nach zwei Wochen Krankheit nicht zugenommen hat und dessen Gesundheitszustand sich nicht verbessert hat, wird in die „Baracke der Verreckenden" geschickt. Die Ärzte müssen sich dazu verpflichten, nie in diese Baracke zu gehen. Es ist untersagt, diesen Kranken irgendwelche Medikamente zu verabreichen. Ihre Nahrung soll auf ein Minimum beschränkt werden."*

Kapos und SS scheuten auch hier vor keiner Misshandlung zurück. Trotzdem behauptete Dichmann bei seinem Prozess, er habe für die Kranken alles Menschenmögliche getan und habe in diesem von ihm als Modell-Krankenhaus bezeichneten Lager sogar ein Orchester gründen wollen: *„Was ihren Lebenswillen anbetrifft, habe ich viel getan. (…) Wir wollten einen Chor gründen. (…) Man sollte singen und Theaterstücke aufführen. (…) Ich habe die Kranken an ihrem Bett besucht und ihnen die Hand geschüttelt. Ich habe ihnen gesagt: ‚liebe Freunde, ihr müsst durchhalten.'"*. Hier wird er vom Gerichtsvorsitzenden unterbrochen, der ihm vorwirft, „die Erinnerung an die 1661 Toten zu schänden" – das sind 62% der Häftlinge.

Mitten unter der Zivilbevölkerung:
„Man muss sich schon schämen, Deutscher zu sein."

Die Landkarte der Außenkommandos ist beschämend: das Nazi-KL-System wurde mitten unter der Zivilbevölkerung aufgebaut, die seine Existenz nicht übersehen konnte. Arbeiter, Vorarbeiter, Firmenchefs, Zugführer und Lieferanten gehören zum Umfeld der Lager, von denen viele deutlich sichtbar in Wohngegenden lagen. Vom Bahnhof Rothau aus durchqueren die Häftlinge das Dorf, bevor sie im Wald in Richtung KL Natzweiler verschwinden. In Sainte-Marie-aux-Mines oder Neckarelz sieht man sie auf dem Weg zur und von der Arbeit. In Neckarelz und Mannheim werden Schulen evakuiert, um sie dort unterzubringen. Die Bevölkerung wird von ihnen ferngehalten und lebt in der Angst, das zu sehen, was keiner sehen darf. Wenn auf den Baustellen auch meist feindliche Reaktionen an den Tag gelegt werden, gibt es auch diskrete Solidaritäts-Bekundungen. Eine Kartoffel, ein Stück Brot oder eine Frucht werden manchmal auf einer Maschine oder einem Fensterbrett hinterlassen.

MARIE DE SAINTE-MARIE-AUX-MINES

In Spaichingen teilt ein Polizeispitzel (SD) mit, dass es *„80 Meter vom Kommando entfernt eine Straße gibt, von der aus man sieht, was im Lager vor sich geht. (…) Der Weg führt durch die Stadt, und so haben alle Bewohner Gelegenheit, diese außergewöhnlich mageren Häftlinge zu sehen, die erloschenen Augen dieser wandelnden Leichen. (…) Dies entgeht der Bevölkerung natürlich nicht."* Ihre Reaktion, von der dieser Spitzel berichtet, ist keine Ausnahme: *„ Alle sind entrüstet."* Er zitiert sogar eine Frau, die sagt, *„man müsse sich schämen, Deutsche(r) zu sein, wenn sich so etwas bei uns abspielt. Es ist eine Erzschande."*

Briefpost und Päckchen sind der einzige echte Kontakt des Häftlings zur Außenwelt. Aber die Briefe werden zensiert und die Päckchen von der SS abgefangen, sogar die des Roten Kreuzes. Konkrete Solidarität, wie die von Paulette Bolle in Rothau, sind eine Ausnahme. Durch ihren persönlichen Einsatz konnte sie über einen SS-Posten heimlich Briefe übermitteln und den Inhaftierten Medikamente zukommen lassen. Diese Strategie funktioniert über ein Jahr lang, bis der Mann versetzt wird (August 1944), ohne entdeckt zu werden.

Links: Ausbau des Steinbruchs Stoffel in Vaihingen, Außenlager von Natzweiler-Struthof, im September 1944. Die Bauarbeiten wurden rasch wieder eingestellt. Vaihingen wird nach und nach zum Sterbelager.

Oben: Passanten in der Nähe von Installationen des Außenlagers Sainte-Marie-aux-Mines, das im März 1944 eröffnet wurde.

September 1944 – April 1945:
Evakuierung des Stammlagers und überstürzte Flucht

Mitte August 1944 befürchten die SS eine Attacke von Widerstandsgruppen. Maschinengewehre werden aufgestellt und die Bewachung verstärkt. Die Gestapo unternimmt eine groß angelegte Operation gegen die Partisanen in den Vogesen und um den Donon. 107 Mitglieder der Gruppe „Réseau Alliance" und 35 Partisanen werden zur Hinrichtung nach Natzweiler gebracht. Der Vormarsch der Alliierten zwingt die Lagerverwaltung, die Räumung schon am 2.September zu beginnen. Die gut vorbereitete Aktion wird vom Bahnhof Rothau aus in drei Etappen durchgeführt. Am 6.September meldet ein Telegramm aus dem KL Dachau dem Lagerkommandanten Hartjenstein das Eintreffen von 5 517 Häftlingen. Mehr als ein Drittel davon sind Kranke; 87% sind politische Gefangene. Diese Zahl, die über der vergleichbarer Lager aus der selben Zeit liegt, ist ein wichtiges Zeugnis für die Sonderstellung von Natzweiler im Rahmen der Deportation.

Die SS-Diensttuenden ziehen ab. Vor Ort bleiben nur 500 Menschen und die „Kommandantur", während in den Kommandos noch 18 151 Häftlinge interniert sind, unter ihnen 2398 jüdische Frauen. Die Außenlager auf der linken Rheinseite werden ebenfalls evakuiert. Am 19. September verlässt der letzte Transport das Stammlager (409 Menschen), das zwei Wochen lang als Rückzugsort für rund 3000 Mitglieder der französischen (nazitreuen) Miliz diente, die sich auf der Flucht nach Deutschland befanden. Am 11. November verlässt der Kommandant das Lager; zurück bleiben rund zwanzig SS-Leute und 16 Häftlinge, die sich ins Hotel Struthof zurückziehen. Am 22. November findet die endgültige Räumung statt, wobei 6 Männern die Flucht gelingt. So endet die Geschichte des Stammlagers dort, wo sie begonnen hat. Am 23. November betreten die ersten US-Soldaten der 6. Armee das leere Lager.

Der Eingang zum Lager Natzweiler-Struthof, am 26. November 1944, bei der Befreiung des Lagers durch die 3. US-Division. Der Eingang besitzt noch nicht sein augenblickliches Tor; rechts in der Verlängerung des Wachturms, das Verwaltungsgebäude.

Die Befreiung von Dachau, im Frühjahr 1945. Jerzy Kubicki (fünfter von links) ist ein ehemaliger Insasse von Kochendorf, einem Außenlager von Natzweiler-Struthof. (Dieses Foto wurde nach der Befreiung des Lagers wahrscheinlich nachgestellt.)

Obwohl Natzweiler als erstes Stammlager geräumt wird, existiert und wächst sein Außenlager-Netz weiter. Seine Verwaltung befindet sich in einer kleinen Herberge im Neckartal (in Guttenbach). Ein großer Teil der Häftlinge werden von Dachau in die Außenkommandos am rechten Rheinufer verlegt. Sogar neue Außenkommandos werden eröffnet und immer mehr Häftlinge treffen aus den geräumten Lagern im Osten ein. Ab Januar 1945 hat die Verwaltung keinen festen Sitz mehr, aber beaufsichtigt weiterhin so gut es geht den Lagerkomplex von Natzweiler.

Der Leidensweg der Häftlinge geht erst Ende April 1945 zu Ende. Manche werden in Richtung Dachau evakuiert und müssen dabei entsetzliche Todesmärsche durchmachen.

Ein in Osterbürcken stehengelassener Waggon; er diente dem Transport der Häftlinge aus Neckarelz und Kochendorf (Außenlager von Natzweiler-Struthof) nach Dachau (Frühjahr 1945). Manche Häftlinge werden mit dem Zug evakuiert, die meisten aber müssen die Lager zu Fuß verlassen. Diese Evakuierungen – damals „Todesmärsche" genannt – forderten zahlreiche Opfer.

Der letzte Leidensweg: die Todesmärsche

April 1945. Die Kommandos werden schrittweise in Richtung KL Dachau evakuiert, wo die Zahl der Häftlinge sprungartig ansteigt. Als südlichstes Lager vor Mauthausen ist Dachau die wichtigste Auffangstation für Häftlinge aus nördlicheren KL. Bei seiner Befreiung stieß man dort auf eine völlig entkräftete Menschenmasse. Mehr als 10 000 Männer und 1027 Frauen aus Natzweiler werden nach Dachau und hauptsächlich in seine Außenlager Allach, Kaufering und Mühldorf verlegt. Alle erreichen ihr Ziel nicht. Manche sind zu schwach und werden im Lager zurückgelassen oder befreit, andere müssen an den schrecklichen Todesmärschen teilnehmen. *„Herausgeholt aus der Nacht der Konzentrationslager tauchten wir in eine andere Nacht: die des Exodus."* (M. Ribon)

Die Lager am Neckar werden am 25. und 26. März 1945 geräumt. Mehr als 2000 Menschen machen sich zu Fuß auf den Weg und werden dann auf einen Zug geladen. 1665 treffen am 2. April in Dachau ein, 181 sind tot. Am 28. März gesellen sich 441 andere Häftlinge zu ihnen: sie haben den ganzen Weg zu Fuß zurück gelegt. Ein anderer Transport mit 600 Kranken wird in Neckarelz organisiert; in Neckargerach sind es 287. Ihr Zug wird durch einen Luftangriff gestoppt, kehrt um und tritt eine Irrfahrt an, bis er von den SS bei Osterbürcken auf freiem Feld im Stich gelassen wird. Nach vier Tagen werden die erschöpften Insassen von den Amerikanern befreit.

Mehrere Kommandos werden zusammengelegt, wie zum Beispiel Kochendorf und Hessental, wo die Odyssee zwei Wochen dauert, zuerst zu Fuß, dann mit dem Zug. Durch die gleichzeitigen und improvisierten Räumungen der KL strömen abgemagerte Menschenmassen in Richtung Süden und zu alpinen Zufluchtsorten. Die Menschen marschieren bei Nacht, um nicht Bombardierungen zum Opfer zu fallen. Die Nervosität der SS-Leute, die eine unbekannte Zahl von Nachzüglern umbringen, der Hunger und die Angst, das endgültige Ziel nicht zu erreichen, verleihen diesen Märschen etwas Apokalyptisches. Wie M. Ribon, der beim Marsch von Schömberg dabei ist, sind die Häflinge *„dazu verurteilt, den Exodus bis zum Ende zu erleiden, (aber) uns blieb doch eine absolute Gewissheit: nachdem wir so lange zwischen Leben und Tod geschwebt hatten, würde sich unser Schicksal endlich entscheiden, und vielleicht zu unserem Gunsten (…); wir müssten nur durchhalten.“* Ungarinnen aus dem Lager Calw machen Halt in einer Scheune in Kunsterdingen. Auf einem Balken kann man lesen: *„Hier halten wir uns zwei Tage auf, wir sind zu Fuß gekommen Sprei Anci und Manyi aus Mezöcsat. Gott kann uns helfen, daß wir unsere Familien wiedersehen können. Gott weiß, wo wir Ungarn sind. Wir leiden viel, haben großen Hunger, schlechte Schuhe, wir sind sehr versagt (sic!).“* Darunter stehen acht Namen – und ein Datum: der 6. April 1945.

Befreiung des Lagers Vaihingen, ein Außenlager von Natzweiler-Struthof, durch die französische Armee, am 7. April 1945. Ein Offizier hilft einem Häftling beim Gehen.

Oben: der Prozess von Rastatt; in dieser Stadt in der damaligen französischen Besatzungszone werden – von 1946 bis 1949 – die Verantwortlichen der rechtsrheinischen Außenlager von Natzweiler-Struthof vor Gericht gestellt.

Unten: nach dem Krieg stehen die Verantwortlichen des Struthof und seiner Außenlager vor ihren Richtern. Die Angeklagten in der hinteren Reihe sind (von links nach rechts): Seuss, Straub, Meier, Wochner, Hartjenstein, Berg, Rhode, Bruttel.

COLLEGE PARK (MD), NATIONAL ARCHIVES / COLL. LISE POMMOIS

Gerechtigkeit, Geschichte und Erinnerung

Nach dem Sturz des Dritten Reichs finden zahlreiche Prozesse statt. Die Verantwortlichen des KL Natzweiler werden angeklagt und mehrfach verurteilt. Die Prozesse von Rastatt (1947-49) betreffen die Außenkommandos, die von Metz (1952-54) das Stammlager. Als einziger der Hauptverantwortlichen ist Kramer bei diesen Prozessen nicht anwesend. Er wird 1946 von den Engländern im Prozess von Bergen-Belsen zum Tode verurteilt und erschossen, nachdem er über seine Taten in Natzweiler befragt worden war. Bei den Prozessen stehen die Häftlinge ihren ehemaligen Henkern gegenüber, die ihre Schuld oft abstreiten: *„Wir handelten auf Befehl. Wir mussten das tun. Wir haben diesen Befehl bei der militärischen Ausbildung erhalten. Ich konnte nicht anders handeln."* (ein ehemaliger Aufseher aus Kochendorf). Erwin Dolt, der frühere Kommandant von Haslach und Dautmergen, findet Entlastungszeugen. Er wird als einziger Verantwortlicher frei gesprochen. Die anderen werden zum Tode oder zu langen Haftstrafen verurteilt, aber wenige Strafen werden wirklich verbüßt. Viele der laufenden Verfahren werden ab den 60er-Jahren von der deutschen Justiz übernommen. Während die Täter vor Gericht kommen, wird der Ort des Stammlagers bereits vor Kriegsende wieder benutzt. Ab Dezember 1944, nach der Befreiung des Elsass, wird er zum überwachten Aufenthaltsort für die verhafteten Personen, die auf ihren Prozess im Rahmen der Entnazifizierung warten. Zu diesem Zeitpunkt funktionieren noch Außenkommandos auf der anderen Seite des Rheins! Im November 1945 wird das Lager schliesslich der Strafvollzugs-Verwaltung übergeben. Bis 1949 werden mehrere Tausend Verurteilte dort eingewiesen.

Am 31. Januar 1950 wird das Gelände unter Denkmalschutz gestellt. Mit Ausnahme von vier Blöcken wird die schlecht erhaltene Anlage auf Veranlassung der französischen Verwaltung den Flammen übergeben. Am 23. Juli 1960 weiht General de Gaulle das vom Architekten Bertrand Monnet erbaute und von Lucien Fenaux in Stein gehauene Mahnmal ein. Es trägt eine Aufschrift mit dem Text: *„Den Helden und Märtyrern der Deportation, das dankbare Frankreich."* Jedes Jahr besuchen 150 000 Menschen, unter ihnen 60% Schüler, das ehemalige Lager. Die pädagogische Aufarbeitung dieses Geschichtskapitels ist von größter Bedeutung. Mehrere Male wurde die Gedenkstätte Zielscheibe von Neonazis. 1976 und 1979 wurde die in ein Museum verwandelte Baracke angezündet und zerstört. Sie wurde jedoch in derselben Form wieder aufgebaut.

COLL. BOUTBIEN

Bei seinem Besuch in Natzweiler-Struthof am 23. Juli 1960 verleiht General de Gaulle dem ehemaligen NN-Häftling Léon Boutbien eine Auszeichnung.

Josef Kramer, Kommandant des KL Natzweiler:
„Ich bin so erzogen worden."

Aussage, zu Protokoll genommen von Kommandant Jadin,
Untersuchungsrichter beim Militärgericht des 10. Militärbezirks,
auf Dienstreise in Celle, 26. Juli 1945

„Joseph Kramer, SS–Hauptsturmführer, 39 Jahre alt, wohnhaft in Bergen-Belsen. [...]
Anfang August 1943 erhielt ich die 80 Insassen, die vernichtet werden sollten [...], und zuerst ließ
ich an einem Abend gegen 9 Uhr etwa fünfzehn Frauen mit einem Lieferwagen in die
Gaskammer fahren. Ich erklärte diesen Frauen, sie müssten in die Desinfektions-Kammer und
sagte ihnen nicht, daß sie vergast werden sollten.

Mit Hilfe einiger SS–Leute entkleidete ich sie vollständig und stieß sie, als sie ganz nackt

waren, in die Gaskammer.
Als ich die Tür schloss, fingen sie an zu brüllen.
Nachdem die Tür zu war, führte ich durch einen
Trichter, der oben rechts vom Guckloch
angebracht war, eine gewisse Menge von Salzen
ein. Dazu schüttete ich eine gewisse Menge Wasser.
Die Salze und das Wasser fielen in die Aushöhlung,
die im Innern der Gaskammer unterhalb des
Gucklochs angebracht war. Dann schloss ich die
Öffnung des Trichters mit Hilfe eines Hahns, der
unten am Trichter angebracht war, in dessen
Verlängerung wiederum ein Metallrohr befestigt
war. Dieses Metallrohr leitete das Salz und das
Wasser in die Aushöhlung im Innern der
Gaskammer, die ich gerade erwähnt habe. Ich
beleuchtete die Innenseite des Raums mittels eines
Schalthebels in der Nähe des Trichters und
beobachtete durch das Guckloch, was in der
Gaskammer vor sich ging. Ich habe gesehen, daß
die Frauen noch ungefähr eine halbe Minute
geatmet haben, bevor sie zu Boden fielen. Als ich

BUDESARCHIV

Josef Kramer, der erste Kommandant des Lagers Natzweiler-
Struthof, von 1941 bis 1943.

Foto von Josef Kramer, in Bergen-Belsen, nach seiner Verhaftung durch die britische Armee (April 1945).

die Türe öffnete, nachdem ich die Ventilation im Lüftungs-Schacht betätigt hatte, stellte ich fest, daß die Frauen leblos am Boden lagen und daß sie ihre Exkremente ausgeschieden hatten.

Am Tag danach, gegen 5 Uhr 30, beauftragte ich zwei SS-Krankenpfleger, die Leichen auf einen Lieferwagen zu laden, um sie ins anatomische Institut zu bringen, so wie es Professor Hirt angeordnet hatte.

Ein paar Tage später brachte ich wiederum eine gewisse Menge von Frauen in die Gaskammer. Sie wurden auf dieselbe Art vergast. Ein paar Tage später liess ich dann rund 50 – vielleicht 55 – Männer in zwei oder drei Gruppen in die Gaskammer bringen. Auch sie wurden mit den Salzen, die mir Hirt gegeben hatte, vernichtet.“

Frage: Sie haben vorhin von den Bedingungen berichtet, unter denen sie die Insassen mit Hilfe von Stickgasen vernichtet haben. Falls diese Insassen nach der Einführung des Gases nicht sofort gestorben wären, hätten sie sie dann erschossenß

Antwort: „Ich hätte ein zweites Mal versucht, sie zu vergasen, indem ich eine weitere Dosis Gas in die Kammer eingeführt hätte. Bei der Ausführung dieser Handlungen habe ich nichts empfunden, denn ich hatte den Befehl erhalten, die 80 Insassen, so wie ich es vorher geschildert habe, hinzurichten. Übrigens bin ich so erzogen worden.“

Das Europäische Zentrum des deportierten Widerstandskämpfers

Das Zentrum ist ein Ort der Information, des Nachdenkens und der Begegnung. Auf 2000 Quadratmetern wird hier die Geschichte der Widerstandsbewegungen gegen das Nazi-Regime dokumentiert – Widerstand gegen die Unterdrückung und gegen die organisierte Vernichtung im KL-System. Das Zentrum ist in verschiedene Räume aufgeteilt:

Hör mal zu...
In der Eingangshalle erhält der Besucher mit Hilfe eines grossen Fotos und eines digitalen Kiosks über Texte und hunderte anderer Dokumente Informationen über jedes der 14 wichtigsten Lager.
Das Motto lädt den Besucher dazu ein, sich zu informieren und sich dann an einen zweiten Ort zu begeben, wo der Film „Bonjour mon frère" an den Wänden Frauen, Männer, Kinder, Gesichter und Blicke von Deportierten erscheinen lässt, während Stimmen erklingen, die das Gedicht mit dem gleichen Titel vortragen.

Gegen die Barbarei: „Partei ergreifen, Widerstand leisten, kämpfen"
Am Ende eines Ganges, dessen Licht und Schatten-Effekte die Lager-Atmosphäre suggerieren, wird zur Einführung in die ständige Ausstellung der Film „Vous qui vivez" vorgeführt. Er ist dem Einsatz der Widerstandskämpfer gewidmet. Die Ausstellung selbst ist in Hufeisenform um den von Häftlingen angelegten „Kartoffelkeller" eingerichtet. Urkunden und Fotografien dokumentieren hier die Entstehung des Faschismus und der Naziherrschaft, Hitlers Politik und parallel dazu den Widerstand gegen die Unterdrückung in ganz Europa.

Pädagogische Räume
2006 werden Lehrern zwei Räume für pädagogische Arbeit zur Verfügung gestellt.

Das Forum
In diesem Raum sollen Sonderausstellungen, Vorträge und Begegnungen stattfinden.

Das Museum des Lagers Natzweiler-Struthof

Das in einer Baracke des Lagers eingerichtete und völlig neu gestaltete Museum ist der Geschichte des Lagers und seiner 70 Außenlager gewidmet. Bauherr des Museums ist das französische Verteidigungsministerium (Generalsekretariat für die Verwaltung und Pflege der Erinnerung, des Kulturerebes und der Archive), das dieses Projekt zu 80 Prozent finanzierte; die übrigen 20 Prozent stammen aus dem europäischen Regionalfond (EFRE). Bauleiter ist der Architekt Pierre-Louis Faloci.

Dieses Foto zeigt das Europäische Zentrum des deportierten Widerstandskämpfers, mit dem Eingang im Hintergrund (Bauleitung: Architekt Pierre-Louis Faloci).

Öffnungszeiten: März und April: täglich von 10 bis 17 Uhr - Mai bis 15. September: täglich von 9 bis 18 Uhr - 16. September bis 24. Dezember: täglich von 10 bis 17 Uhr
Die Kasse schließt eine Stunde früher.
Reservierung für Gruppen und Schüler: + 33 (0)3 88 47 44 57

Das Museum liegt nur wenige Kilometer von Natzwiller (Zufahrtsweg: Route Départementale 130). Es ist eine Stunde von Straßburg, 30 Minuten von Saint-Dié und 1 Stunde von Colmar entfernt. Zug bis zum Bahnhof Rothau (Verbindung von Straßburg nach Saint-Dié).

Lager Natzweiler-Struthof
F – 67130 Natzwiller
Tel. + 33 (0)3 88 47 44 67
E-mail: resa.struthof@wanadoo.fr
Webseite: www.struthof.fr

Das Lager Natzweiler-Struthof heute.
Foto von Frantisek Zvardon.

Beta Editorial
imprimerie labellisée
imprim vert